내 안의 죄 죽이기

내 안의 죄 죽이기

저자 존 오웬
역자 김창대

초판 1쇄 발행 2007. 1. 29.
개정판 1쇄 발행 2011. 8. 17.
개정2판 1쇄 발행 2018. 10. 4.
개정2판 11쇄 발행 2023. 10. 11.

발행처 도서출판 브니엘
발행인 권혁선

등록번호 서울 제2006-50호
등록일자 2006. 9. 11.

서울특별시 송파구 백제고분로28길 25 B101호 (05590)
마케팅부 02)421-3436
편집부 02)421-3487
팩시밀리 02)421-3438

ISBN 979-11-86092-78-1 03230

독자의견 02)421-3487
이메일 editorkhs@empal.com

북카페 주소 cafe.naver.com/penielpub.cafe
인스타그램 @peniel_books

이 책은 저작권법에 따라 보호받는 저작물이므로 무단전제 및 무단복제를 금합니다.
이 책의 전부 또는 일부를 이용하려면 반드시 사전에 저작권자와 도서출판 브니엘의 동의를 받아야 합니다.

도서출판 브니엘은 독자들의 원고를 설레는 마음으로 기다리고 있습니다.
위의 이메일로 간단한 기획 내용 및 원고, 연락처 등을 보내주십시오.

도서출판 브니엘은 갓구운 빵처럼 항상 신선한 책만을 고집합니다.

John Owen
Mortifications of Sin

[청교도 신학의 최고봉 존 오웬의 대표작]

내 안의 죄 죽이기

존 오웬 지음 | 김창대 옮김

| 프롤로그 |

　이 자리에서 내가 이 책을 집필하게 된 이유를 간단히 설명하고자 한다.

　첫 번째 이유는 오늘날 크리스천이라고 공언하는 대부분의 사람이 주위의 유혹으로 어려움을 겪고 있기 때문이다. 이런 유혹은 주로 크리스천들이 겉으로는 세상을 평화스럽게 살고 있지만, 동시에 내면에서는 죄와의 싸움으로 갈등하고 있다는 데 그 원인을 찾을 수 있다. 이 문제를 중요하게 여긴 나는 이 책을 통해서 성도들이 자신의 행동을 뒤돌아볼 필요성을 깨닫도록 북돋아주고 싶었다. 그리고 성도들에게 어떻게 죄를 이길 수 있는지 좀 더 분명한 지침을 주고 싶었다.

　두 번째 이유는 최근에 죄를 죽인다고 하면서 위험한 실수의 함정에 빠진 일부 사람들의 행태 때문이다. 복음의 신비와 그리스도의 죽음의 능력을 제대로 알지 못하는 이들은 자신과 믿음의 선조조차

감당할 수 없는, 죄를 죽이기 위한 다양한 방법을 스스로 고안해서 추종자들의 목에 씌우고 있다. 죄를 죽이기 위해 그들이 강요하는 삶의 방식은 복음의 성질이나 효력에는 전혀 맞지 않는 것이기에, 그들의 가르침을 따르는 사람들의 양심에 근심을 일으키고, 결국 미신과 자기 의를 생산하게 하는 개탄스런 결과를 가져왔다.

비록 미약하지만 여기서 제시하는 논의가 은혜의 언약 아래서 하나님과 동행하는 삶이 무엇인지 알고자 하는 사람에게 답을 주고, 동시에 복음의 정신에 부합하는 담론이 되기를 겸허한 마음으로 소원한다. 확실히 성도들의 마음속에 복음적인 방법으로 죄를 죽이는 삶을 살도록 격려하고, 그들의 영혼이 안전한 길을 통해 안식처에 이르도록 하기 위해서는 이와 같은 작업이 꼭 필요하다.

그동안 죄에 관한 설교를 하면서 농부에게 씨앗을 공급해주시는 주님의 은혜로 어느 정도 열매를 거두었던 나는, 마음을 다해 하나님의 방식으로 살아가고자 하는 친구들의 격려를 통해 이전에 가르쳤던 설교들을 모아 이렇게 출간하게 되었다. 실로 나는 독자들에게 하나님과의 교제에 관한 책을 집필하겠다고 약속한 터라 더욱 무거운 짐을 느끼지 않을 수 없다. 비록 그 짐을 덜어낼 수는 없겠지만 하나님과의 교제와 평강에 관한 나의 글을 기다려준 그들에 대한 보답 차원에서, 죄와의 싸움에 관한 담론을 적어도 이자 지불 형식으로 집필할 수 있지 않을까 생각했다. 그 외에도 나는 하나님의 십리로 종교문제와 관련해서 다양한 논쟁을 벌였던 경험이 있었기에 좀 더 많은 분야의 사람들에게 필요가 아닌 선택사항으로 도움되는 글을 쓸 수 있지 않을까 생각했다.

  이상의 이유와 비슷한 원인들로 나는 이 짧은 담론을 세상에 내놓게 되었다. 진실로 하나님의 섭리 안에서 나의 바람은 이 글을 통해 성도들의 마음에 삶에서 죄를 이기고자 하는 열망과 모든 영역에서 거룩한 삶을 살고자 하는 의지가 충만하게 되기를 성원한다. 그래서 모든 분야에서 주님이시자 우리의 구세주이신 예수 그리스도의 복음이 아름다운 모습으로 장식되기를 소원한다. 보잘것없는 이 담론의 글이 그와 같은 취지에서 성도들에게 유용한 도구로 사용된다면, 그것은 확실히 자격 없는 내가 이 글을 쓰면서 드렸던 기도가 응답된 것이다.

1656년 옥스퍼드에서
글쓴이 존 오웬

C·O·N·T·E·N·T·S
차 례

프롤로그 ⋯ 005

| Chapter 1 |
죽음에 이르는 육체적 행위를 버리라 ⋯ 013

그러나 만약 | 너희가 | 영으로써 | 몸의 행실을 죽이는 | 살리니

| Chapter 2 |
죄를 죽이기 위해 힘써야 하는 이유는? ⋯ 025

죄는 우리 안에 지속적으로 남아 있다
죄는 끊임없이 우리를 유혹한다
죄는 항상 극단을 추구하는 속성이 있다
성령은 우리의 죄를 대적하신다
죄 죽이는 의무를 소홀히 했을 때의 결과는?
우리의 의무는 온전히 거룩해지는 것이다

| Chapter 3 |
죄를 죽이기 위한 원천인 성령을 구하라 ··· 043

다른 어떤 방법으로도 죄를 이길 수 없다

죄를 죽이는 것은 전적으로 성령의 사역이다

| Chapter 4 |
그러나 하나님의 은혜에는 ··· 055
전제 조건이 있다

평화와 위로는 하나님만이 주시는 특권이다

죄를 죽이는 일은 하나님의 은혜에 영향을 끼친다

| Chapter 5 |
그렇다면 죄를 죽인다는 의미는 무엇인가? ··· 065

마음속에서 죄를 몰아내는 것이 죄를 죽이는 게 아니다

죄를 숨기려는 것이 죄를 죽이는 게 아니다

차분하고 온화한 성품이 죄를 죽이는 게 아니다

일시적으로 죄를 짓지 않는 것이 죄를 죽이는 게 아니다

순간적으로 죄를 이긴 것이 죄를 죽이는 게 아니다

| Chapter 6 |
먼저 죄를 죽이기 위한 지침을 알라 ··· 077

지침 1. 타락한 죄의 습관을 무력화시키라

지침 2. 매 순간 죄의 힘을 억제하라

지침 3. 죄의 정욕과 싸워 승리하라

| Chapter 7 |
죄를 죽이기 위한 원리를 터득하라 ··· 089

성령을 소유한 자만이 죄를 죽일 수 있다

죄를 죽이는 일은 중생과 관련 있다

원리 1. 그리스도께 먼저 관심을 가지라

원리 2. 모든 영역에서 항상 순종하라

| Chapter 8 |
죄를 죽이는 9가지 실제적 방법을 사용하라 ⋯ 115

방법 1. 정욕에 동반되는 여러 위험한 징후를 살피라

방법 2. 죄의식, 죄의 위험, 죄의 사악함을 항상 인식하라

방법 3. 내면 깊은 곳의 양심으로 죄를 느끼라

방법 4. 죄의 권세에서 해방되기를 끊임없이 갈망하라

방법 5. 성품에 죄가 뿌리를 내리고 있는지 살피라

방법 6. 죄에 대항하여 항상 깨어 있으라

방법 7. 처음부터 죄에 대해 결사적으로 대항하라

방법 8. 자신의 사악함을 깨닫고 겸손하라

방법 9. 죄 앞에서 자신에게 평안하다고 말하지 말라

| Chapter 9 |
죄를 죽이기 위해 적극적으로 행동하라 ⋯ 193

믿음을 통해 그리스도 안에서 죄를 죽이라

그리스도 안에서 믿음을 갖고 행하라

죄를 죽이기 위해서 성령의 도움을 구하라

[Chapter 1]

죽음에 이르는 육체적 행위를 버리라

· · · · ·

그러나 만약 | 너희가 | 영으로써
몸의 행실을 죽이는 | 살리니

✳ ✳ ✳ ✳ ✳

너희가 육신대로 살면 반드시 죽을 것이로되 영으로써 몸의 행실을 죽이면 살리니. 로마서 8:13.

죄를 죽이는 일에 관해서 사도 바울의 가르침을 더욱 발전시키고, 나의 생각을 명료하게 서술하기 위해 나의 글의 토대가 바울이 말한 로마서 8장 13절임을 먼저 밝힌다. "너희가 육신대로 살면 반드시 죽을 것이로되 영으로써 몸의 행실을 죽이면 살리니." 앞으로 기술하게 될 나의 논점은 한마디로 로마서 8장 13절의 말씀에 함축된 위대한 복음의 진리와 신비를 발전시키는 데 있다.

바울은 로마서 8장 1~3절에서 "그러므로 이제 그리스도 예수 안에 있는 자에게는 결코 정죄함이 없나니, 이는 그리스도 예수 안에 있는 생명의 성령의 법이 죄와 사망의 법에서 너를 해방하였음이라. 율법이 육신으로 말미암아 연약하여 할 수 없는 그것을 하나님은 하시나니, 곧 죄로 말미암아 자기 아들을 죄 있는 육신의 모양으로 보내어 육신에 죄를 정하사"라고 이신칭의의 교리와 그 은혜에 참여한 자들의 축복을 재요약해서 말한 후, 같은 장에서 그것을 더욱 확대 설명하면서 성도들이 갖는 거룩함과 위로에 초점을 맞춘다.

그러면서 죄의 반대편 관점에서 거룩함을 위한 바른 동기를 이렇게 강조한다. "너희가 육신대로 살면 반드시 죽을 것이로되"(13절). 여기서 '육신대로 살면'이라는 말과 '죽는다'는 말은 확실히 성도가 추구해서는 안 되는 삶을 가리킨다. 그리고 그 의미는 13절 후반부의 말씀과 관련해서 이해해야 한다.

이 책의 기초가 되는 13절 후반부를 분석해보면, 첫째 우리가 행해야 할 의무에 대해 먼저 말한다. 즉 '몸의 행실을 죽이는 일'이다. 그리고 둘째로 그러한 의무를 수행하는 사람의 자격 조건을 언급한다. 구체적으로 여기서는 '너희들'이다. 셋째로 이 구절은 그 의무를 수행할 때 어떤 약속이 따르는지를 보여준다. 한마디로 '그렇게 되면 산다는' 약속이다. 넷째로 이 의무 수행의 원천과 수단은 성령이라고 말한다. 그래서 '영으로써'라는 말을 언급한다. 다섯째로 이 후반부에서 제시되는 명제는 모두 조건부라는 점이다. '만약… 한다면.' 그러므로 우리는 이 조건적 명제의 특성을 좀 더 심층적으로 살펴볼 필요가 있다.

그러나 만약

13절 후반부에서 조건부로 제시된 명제에서 첫

번째로 등장하는 말은 "그러나 만약"(but if)이라는 문구이다. 일반적으로 조건부 명제에서 나오는 조건은 다음 두 가지 의미를 갖는다.

첫째, 약속의 조건으로 제시된 의무를 수행하는 당사자의 입장에서 볼 때 그 의무를 수행하여 약속을 받는 일은 매우 불확실하다. 그가 약속을 받기 위해서는 의무 조항을 절대적으로 충족시켜야 하는데, 실상 그에게는 그런 의무 충족을 확실히 보장해 줄 수 있는 원천이나 힘이 없기 때문이다. 그래서 일반적으로 사람들은 "우리가 살면 그런 일을 하게 될 것이다"라는 식으로 중립적으로 말한다. 하지만 로마서 8장 13절에서 제시된 조건적 표현은 다르다. 이미 로마서 8장 1절에서 바울은 13절의 의무를 수행하는 사람들을 가리켜 '더 이상 정죄함이 없는' 사람들로 묘사했다. 그러므로 이들은 확실히 그 의무를 충족시켜 약속을 성취하는 사람들이다.

둘째, 일반적으로 조건으로 제시된 의무와 약속 사이에는 논리적인 응집력이 있어 서로 어떤 연관성을 갖고 있다. 가령 우리는 병자에게 "당신이 이 약을 먹는다면, 또는 이런 치료방법을 사용한다면 병이 낫게 될 것입니다"라고 말한다. 여기서 이 말의 함축적 의미는 약이나 치료방법과 건강 사이에 확실한 연관성이 있다는 점이다. 마찬가지로 본문의 구절에서도 그와 같은 확실한 연관성을 제시하고 있다. 다시 말해 '몸의 행실을 죽이는' 의무와 '산다'는 약속 사이에 확실한 관계가 존재한다는 것이다.

하지만 죄를 죽이는 것과 사는 것 사이의 관계는 원인과 결과의 관계가 아니다. 바울은 "하나님의 은사는 그리스도 예수 우리 주 안에 있는 영생이니라"(롬 6:23)고 말하면서, 영생이 하나님의 선물임을 강조하고 있다. 결국 여기서의 관계는 수단과 목적의 관계이다. 하나님은 약속하신 자신의 목적을 이루기 위해 그 수단을 미리 정해 두신 것이다. 수단은 필수적 요소이지만 결국 그것은 약속을 성취하기 위한 종속물에 지나지 않는다.

만약 하나님의 은사를 얻는 일이 사람의 행동에 달려 있다면 그 상관관계는 일관적이지 못하고 불확실할 것이다. 결론적으로 13절 후반부의 조건적 명제에서 제시하는 바는 '죄를 죽이는 것과 영생 사이에는 절대적으로 확실한 연관관계가 있다'는 사실이다. 그러므로 당신이 이런 수단을 사용한다면 그 목적을 선물로 얻게 된다. 다시 말해, 죄를 '죽이면' 당신은 살게 된다. 13절에 제시된 의무에는 바로 이런 동기와 효력이 내포되어 있다.

너희가

그다음으로 이 조건적 명제에서 우리의 시선을 끄는 점은 그 의무를 수행해야 하는 당사자들이다. 여기서 바울이 말한 당사자들은 "너희가 죽이면"이라는 말에서 알 수 있듯이 성도들을 가리킨다. 좀 더 구체적으로 말한다면 '더 이상 정죄함이 없는'(1절) 사람들로서 육신에 있지 않고 영에 있는(5절), '그리스도의 영에 의해 살려진'(10-11절) 사람들이다. 바울은 이와 같은 사람들에게 의무를 규정한 것이다.

만약 이 의무를 성도가 아닌 다른 사람이 억지로 수행한다면 그 결과는 이 세상에 만연한 미신과 자기 의로 귀착될 것이다. 즉 복음을 외면한 채 경건해지려는 사람들의 인간적인 업적으로 끝나고 말 것이다. "하나님의 의를 모르고 자기 의를 세우려고 힘써 하나님의 의에 복종하지 아니하였느니라. 그리스도는 모든 믿는 자에게 의를 이루기 위하여 율법의 마침이 되시니라"(롬 10:3-4).

그러므로 로마서 8장 13절에 제시된 의무 규정과 관련해서 그것을 수행하는 사람의 모습에 대한 고찰이 지금 내가 쓰려는 주요 내용이다. 결국 이 책에서 주장하고자 하는 나의 논점은 죄의 지배에서 자신이 해방되었다는 확신을 가진 아무리 훌륭한 성도일지라도, 마음속에 거하는 죄의 힘을 극복하기 위해 항상 전력을 다해야 한다는 것이다.

영으로써

이 의무를 효과적으로 수행하기 위한 원천은 성령이시다. "영으로써." 여기서 영은 바로 11절에 언급된 영인 '그리스도의 영', 즉 우리 안에 거하시는 하나님의 영(9절)이시다. 이 영을 통해 우리가 다시 사는 것이다. "예수를 죽은 자 가운데서 살리신 이의 영이 너희 안에 거하시면 그리스도 예수를 죽은 자 가운데서 살리신 이가 너희 안에 거하시는 그의 영으로 말미암아 너희 죽을 몸도 살리시리라"(롬 8:11).

또한 이 영은 '양자의 영'(15절)으로 우리를 위해 중보기도를 드리는 영이시다. "이와 같이 성령도 우리의 연약함을 도우시나니 우리는 마땅히 기도할 바를 알지 못하나 오직 성령이 말할 수 없는 탄식으로 우리를 위하여 친히 간구하시느니라"(롬 8:26). 성령 외에 다른 방법으로 죄를 죽이는 것은 헛된 일이다. 다른 모든 것은 절대 도움이 되지 않는다. 결국 이 의무를 수행할 수 있는 것은 오직 성령뿐이시다.

사람들은 성령이 아닌 다른 원리나 다른 분야의 수단과 방편으로 이 의무를 수행하려고 할 수 있다(롬 9:30-32). 하지만 바울이 지적한 것처럼 죄를 죽이는 일은 어디까지나 성령의 사역이시다. 오직 성령을 통해서만 그 의무를 성취할 수 있다. 다른 힘으로는 절대 불가능하다. 스스로 고안한 방법이나 자신의 힘으로 죄를 죽이고자 하는 노력은 세상의 모든 거짓된 종교의 본질이며, 그것은 결국 자기 의일 뿐이다. 이 사실은 앞으로 좀 더 심층적으로 논의할 것이다.

몸의 행실을 죽이는

여기서 세 가지 질문을 할 수 있다. 몸이 의미하는 것은 무엇인가? 몸의 행실이라는 뜻은 무엇인가? 또한 그 행실을 죽인다는 것(또는 극복한다는 것)은 무슨 의미인가?

첫째, 13절 하반부에 나오는 '몸'이라는 단어는 상반부에 있는 '육신'이라는 말과 동의어이다. "너희가 육신대로 살면 반드시 죽을 것이로되" "영으로써 몸의 행실", 즉 육신의 행실을 "죽이면 살리니." 그러므로 여기서 몸은 육신이라는 이름으로 바울이 언급했던 것을 지칭한다. 따라서 몸은 우리의 타락한 품성과 관련해서 우리 안에 그것이 자리 잡고 있는 장소이며 도구를 뜻한다. 이런 의미에서 몸의 지체는 불의를 섬기는 종들이라고 할 수 있다(롬 6:19).

결국 몸이 의미하는 것은 타락한 육체, 또는 정욕으로써 우리 안에 거하는 죄의 속성이다. 몸이라는 비유적 표현에 대해 많은 설명이 있을 수 있지만 그것들을 여기서 모두 다룰 수는 없다. 하지만 몇 가지 언급하자면 몸은 '옛 사람'과 '죄의 몸'(롬 6:6)과 같은 뜻이다. 또한 다른 비유로 말한다면 그것은 타락한 인간의 전인적인 모습으로 정욕과 병적인 감정이 거하는 곳이다.

둘째, 몸의 행실. 여기서 '행실'은 외적인 행동으로 갈라디아서 5장 19절에서 '분명하다'고 명명한 '육체의 일'을 가리킨다. 이 육체의 일을 갈라디아서 5장에서는 여러 가지로 열거하고 있다. "육체의 일은 분명하니 곧 음행과 더러운 것과 호색과 우상 숭배와 주술과 원수 맺는 것과 분쟁과 시기와 분냄과 당 짓는 것과 분열함과 이단과 투기와 술 취함과 방탕함과 또 그와 같은 것들이라"(갈 5:19-21).

외형적으로 나타나는 이 행실들은 또한 인간 속에 거하는 내적인 원인을 가리킨다. 육체의 행실을 죽이기 위해서는 그 행실의 원인부터 잘라내야 한다. 사도 바울은 그 원인을 육신의 정욕이 지향하는 행동으로 묘사한다. 정욕은 인간을 속이고 거짓된 것으로 우리로 하여금 완벽하게 죄를 짓도록 만든다.

사도 바울은 로마서 7장과 8장의 초두에서 인간 속에 거하는 죄의 정욕을 모든 죄의 행동의 토대이자 원리라고 지적한 후, 8장 13절에 와서 죄로 인한 결과라는 측면에서 그 파괴력을 언급한다. 여기서 '몸의 행실'은 '육신의 생각'(롬 8:6)과 같은 속성을 지니고 있다. 또한 그 행실은 육체의 열매와 행동의 원천이 되는 '육체의 정욕과 욕심'(갈 5:24)과 동일한 의미이다. 이 몸에 대해 로마서 8장 10절은 그 '몸은 죄로 말미암아 죽은 것'이라고 말한다.

셋째, 죽인다. 이 비유적인 표현은 모든 살아 있는 것을 죽음의 상태로 놓는다는 뜻을 함축한다. 사람이나 다른 생물체를 죽인다는 것은 그 힘과 활력의 원리를 제거해서 더는 행동하거나 영향력을 발휘하지 못하도록 한다는 의미이다. 본문에서 '죽인다'라는 말은 바로 이런 의미로 사용되었다. 바울은 우리 안에 거하는 죄를 살아 있는 인격체인 옛사람으로 비유한다. 그 옛사람은 자신만의 기능, 자질, 지혜, 기술, 통찰력, 힘 등을 갖고 있다.

바울에 의하면 우리는 이 옛사람을 죽여서, 즉 죽음의 상태로 놓아서 그것을 극복해야 한다. 다시 말해 옛사람에게 영향력을 끼치는 힘과 생명력, 그리고 활력을 성령의 능력으로 제거해야 한다는 뜻이다. 예수 그리스도의 십자가는 옛사람을 완전히 죽이고 극복한 모범적인 예이다. 그래서 바울은 그 옛사람이 "십자가에 못 박혔다"라고 말하고(롬 6:6), 우리가 "그리스도와 함께 죽었다"라고 지적한다(롬 6:8). 그 결과 비록 우리 마음속에 부활에 반대하는 파괴적인 소욕이 여전히 공존하지만(갈 5:17), 성도인 우리는 이제 그리스도의 부활에 참여할 수 있게 되었다(롬 6:3-5). 이 부활의 완성은 점진적으로 우리의 일생을 통해 성취되어 간다. 그러므로 로마서 8장 13절에서 의무 규정을 언급했던 바울의 의도는, 우리의 썩어질 몸에 거하는 죄를 죽여서 더는 육신의 행실을 하지 못하도록 그 힘과 능력을 제거하는 일이, 성도가 끊임없이 행해야 할 의무라는 사실을 보여주는 데 있다.

살리니

이 의무를 수행하는 사람에게는 생명의 약속이 주어진다. "살리니." 이 약속된 생명은 앞의 상반부에 "너희가 육신대로 살면 반드시 죽을 것이로되"라는 말에서 언급된 죽음의 위협과 대조를 이룬다. 사도 바울은 이 죽음의 위협을 다른 곳에서는 이렇게 표현했다. "자기의 육체를 위하여 심는 자는 육체로부터 썩어진 것을 거두고"(갈 6:8). 여기서 '썩어진 것'이란 하나님으로부터 오는 멸망의 심판을 뜻한다. 로마서 8장 13절에서 약속한 생명은 영생을 의미할 뿐만 아니라 그리스도 안에서 우리가 누리는 영적인 생명을 뜻한다. 그것은 단순히 성도들의 신분상의 변화를 지칭하기보다 거기서 파생되는 기쁨, 위로, 그리고 활력을 강조하는 말이다.

바울이 데살로니가전서 3장 8절에서 "그러므로 너희가 주 안에 굳게 선즉 우리가 이제는 살리라"고 말한 것처럼 이제 우리 삶은 우리에게 유익이 되고, 우리는 삶 속에서 기쁨과 위안을 기대할 수 있게 된다. 한마디로 "너희가 살리니"라는 말은 여전히 이 세상에 있으면서도 선하고 활력 있는 안락한 영적인 삶을 살 수 있으며, 더 나아가 저 세상에서 영생을 얻을 수 있다는 뜻이다.

앞에서 나는 죄를 죽이는 일과 영생의 관계는 수단과 목적의 관계라고 말했다. 이 점을 생각하면서 결론적으로 로마서 8장 13절에서 규정된 의무를 수행하기 위한 동기로 다음의 사실을 다시 한번 더 강조하고자 한다. 즉 육신의 행실을 죽일 때 우리는 영적인 삶의 활력, 힘, 그리고 위안을 얻을 수 있다는 점이다.

John Owen
Mortifications of Sin

[Chapter 2]

죄를 죽이기 위해 힘써야 하는 이유는?

· · · · ·

죄는 우리 안에 지속적으로 남아 있다
죄는 끊임없이 우리를 유혹한다
죄는 항상 극단을 추구하는 속성이 있다
성령은 우리의 죄를 대적하신다
죄 죽이는 의무를 소홀히 했을 때의 결과는?
우리의 의무는 온전히 거룩해지는 것이다

＊　＊　＊　＊　＊

　그러므로 땅에 있는 지체를 죽이라. 곧 음란과 부정과 사욕과 악한 정욕과 탐심이니 탐심은 우상 숭배니라. 골로새서 3:5.
　이와 같은 토대 위에서 나의 주요 의도를 말하기 전에, 앞에서 언급한 원리적 추론을 간단히 재확인해보자. 첫째, 죄의 지배에서 해방되었다고 확신하는 아무리 훌륭한 성도일지라도 항상 자신 안에 거하는 죄의 힘을 죽이기 위해 전력을 다해야 한다. 이런 맥락에서 바울은 "그러므로 땅에 있는 지체를 죽이라. 곧 음란과 부정과 사욕과 악한 정욕과 탐심이니, 탐심은 우상 숭배니라"(골 3:5)고 말한다.
　그렇다면 여기서 이 편지의 수신자는 누구인가? 바로 그리스도와 함께 다시 살리심을 받은 자(1절), 그분과 함께 죽은 자(3절), 그들의 생명이 그리스도이시며 그분과 함께 영광 중에 나타날 사람들이다(4절). 죄를 죽이라. 실로 죄를 죽이기 위해 매일 노력하라. 그리고 살아 있는 동안 항상 죄를 이기는 삶을 목표로 삼으라. 하루라도 이 일을 중단하지 말라. 죄를 계속 죽이지 않는다면 죄가 당신을 죽일 것이다. 그리스도와 함께 죽어서 그분을 통해 새 생명을 얻은 당신은, 더는 이 의무를 회피해서는 안 된다.

예수님은 자신에게 거하는, 즉 열매 맺는 가지들을 농부이신 하나님께서 어떻게 가꾸시는지 말씀하신다. "무릇 열매를 맺는 가지는 더 열매를 맺게 하려 하여 그것을 깨끗하게 하시느니라"(요 15:2). 가지를 치시는 하나님의 일은 하루 이틀에 끝나는 일이 아니다. 그 일은 우리가 이 세상에 가지로 있는 동안 계속될 일이다.

그래서 사도 바울은 자신에 대해 이렇게 고백한다. "내가 내 몸을 쳐 복종하게 함은 내가 남에게 전파한 후에 자기가 도리어 버림을 당할까 두려워함이로다"(고전 9:27). 바울의 말은 사실상 그가 그와 같은 일을 매일 한다는 뜻이다. 즉 그것이 자신의 일이기에 하루도 거르지 않고 한다는 의미이다. 빛, 계시, 즐거움, 특권, 위안과 관련해서 일반 성도들보다 비교할 수 없을 정도로 엄청난 은혜를 받은 바울도 그런 일을 매일한다고 한다면, 우리가 이 세상에 살면서 어떻게 그런 의무와 일들을 회피할 수 있겠는가? 다음에서 우리가 죄 죽이는 일을 회피할 수 없는 이유를 좀 더 구체적으로 살펴보자.

죄는 우리 안에
지속적으로 남아 있다

우리가 이 세상에 있는 동안 죄는 항상 우리 안

에 존재한다. 그러므로 우리는 우리 안에 거하는 죄를 죽여야 할 책임이 있다. 하나님의 율법을 완벽하게 지키고 죄에 대해 완전히 죽어서 이 세상에서도 우리가 온전히 살 수 있다고 주장하는, 헛되고 거짓된 무지한 사람들의 논쟁에 나는 휘말리고 싶지 않다. 분명히 이런 가증스러운 주장을 하는 사람들은 실제로 하나님의 계명 중 하나라도 제대로 지키지 못했을 것이며, 그들이 생각하는 온전함의 정도도 매우 낮아 온전하고 신실한 순종을 결코 수행하지 못했을 것이다.

오늘날 온전함에 대해 말하는 사람들은 더욱 영악해서 온전한 상태에서는 선과 악의 차이가 사라지게 된다고 공개적으로 말하기까지 한다. 그래서 선한 일에 완전하지 않으면서도 그들은 모든 것이 똑같다고 주장한다. 하지만 그들이 말하는 완전함이란 사실상 가장 사악한 것이다. 완전함을 위해 자칭 새로운 길을 발견했다고 말하는 또 다른 사람들은 우리 안의 원죄를 부인하고, 하나님 법의 영성을 인간의 육적인 욕망에 끼워 맞춰, 그리스도의 생명과 성도 안에서 그 생명의 능력을 완전히 무시하기도 한다. 결국 이들은 육신의 허황된 생각으로 교만해져 복음과 상관없는 전혀 다른 의를 만들어내고 있는 셈이다.

이에 반해 기록된 말씀 이상으로 스스로를 지혜롭게 여기지 않는 진정한 성도는 하나님으로부터 받지 않은 은혜를 마치 인간적인 방법으로 받은 것처럼 자랑하지 않는다. 이들은 이 세상에 살면서 자신 안에 죄가 어느 정도 거한다는 사실을 인정한다. 그래서 "내가 이미 얻었다 함도 아니요 온전히 이루었다 함도 아니라. 오직 내가 그리스도 예수께 잡힌 바 된 그것을 잡으려고 달려가노라"(빌 3:12)고 말함과 동시에, 이 세상에 살면서 "우리의 속사람은 날로 새로워지도다"(고후 4:16)라고 고백한다. 새사람의 계속적인 변화로 인해 옛 것이 파괴되고 무너진다는 뜻이다.

이 세상에서 우리는 '부분적으로 알게' 되지만(고전 13:12) "주, 곧 구주 예수 그리스도의 은혜와 그를 아는 지식에서 자라"남으로써(벧후 3:18) 남아 있는 어두운 부분들이 점차적으로 사라지게 된다. 영을 대항하는 육을 가진 탓에 우리는 원하는 바대로 모두 순종하지 못한다. 따라서 우리의 빛뿐만 아니라 우리의 순종에도 결함이 생긴다(갈 5:17, 요일 1:8).

그러므로 이 '사망의 몸'(롬 7:24)인 우리의 육체에서 해방될 수 있는 길은 오직 '우리의 낮은 몸이 변화되는' 방법밖에는 없다(빌 3:21). 죄를 죽여야 할 의무가 있는 우리는 우리 안에 남아 있는 죄를 극복하기 위해 계속 노력해야 한다. 적을 물리쳐야 할 의무를 가진 사람이 적이 죽기도 전에 싸움터를 떠난다면 그는 자신의 의무를 온전히 수행했다고 할 수 없다(갈 6:9, 히 12:1, 고후 7:1).

죄는 끊임없이 우리를 유혹한다

죄는 우리 안에 거할 뿐만 아니라 지속적으로

활동하여 우리로 하여금 육체의 행실을 행하도록 자극한다. 죄가 우리를 가만히 내버려둔다면 우리도 죄를 방치할 수 있다. 하지만 죄는 겉으로 조용한 것처럼 보여도 속으로는 매우 활동적이다. 죄의 물줄기는 외관상 고요해 보이지만 그것은 조류의 움직임이 심한 매우 깊은 물과도 같다. 따라서 우리는 온갖 수단을 동원하여 조금도 방심하지 말고 어떤 상황에서든지 죄에 대항해서 싸워야 한다.

또한 죄는 우리 안에 거할 뿐만 아니라 지체 안에 있는 죄의 법을 통해 우리 마음의 법과 싸우기도 한다(롬 7:23). 그래서 육체의 소욕이 성령을 거스르게 된다(갈 5:17). 욕심은 우리를 속이고 유혹하는 죄이다. 욕심은 항상 도덕적으로 선한 것을 방해하고, 악한 행동을 유도하며, 우리 영으로 하여금 하나님과 교제하는 일을 가로막는다. 그것이 추구하는 목표는 악이다. 즉 사도 바울이 "내가 원하는 바 선은 행하지 아니하고 도리어 원하지 아니하는 바 악을 행하는도다"(롬 7:19)라고 말했을 때 언급한 바로 그 악이다. 그렇다면 왜 이와 같은 일이 계속 일어나는 것일까? 그 이유는 내 안에, 즉 내 육체 안에 선한 것이 거하지 않기 때문이다. 구체적으로 말해서 죄가 선한 것, 즉 '내가 원하는 선'을 하지 못하도록 방해하기 때문이다.

바로 이런 이유 때문에 나는 마땅히 해야 할 선을 행하지 못하게 되고, 나의 거룩함은 죄로 오염된다. "육체의 소욕은 성령을 거스르고 성령은 육체를 거스르나니 이 둘이 서로 대적함으로 너희가 원하는 것을 하지 못하게 하려 함이니라"(갈 5:17). 우리 영을 말살시키는 이런 육체의 소욕을 성경은 '얽매이기 쉬운 죄'(히 12:1)라고 명명한다. 사도 바울이 로마서 7장에서 말한 고뇌는 바로 이와 같은 죄 때문이다. 결론적으로 말해 죄는 항상 우리 안에서 활동하며 항상 우리를 속이고 유혹한다.

우리는 항상 하나님의 일을 하기 때문에, 우리 안에 거하는 죄는 힘을 발휘하지 못한다고 누가 감히 말할 수 있겠는가? 죄는 우리가 사는 동안 우리의 행동을 오염시키려고 발악한다. 그러므로 우리 안에서 항상 활동하는 죄를 죽이려고 노력하지 않는다면 우리는 패배할 수밖에 없다. 가만히 서서 아무런 저항 없이 적의 공격을 계속적으로 허용한다면 그 사람은 당연히 패배할 수밖에 없지 않은가! 죄는 교묘하고 강력하여 고삐를 늦추지 않고 호심탐탐 우리 영혼을 죽이기 위해 기회를 엿본다. 이와 같은 상황에서 우리가 게으르고 태만하여 어리석은 파멸의 길로 걸어간다면 안락한 승리의 삶은 기대할 수 없다. 우리의 날은 죄가 이기든지 아니면 죄를 죽이든지 항상 양자 선택의 기로에 서 있다.

이런 양상은 우리가 이 세상에 사는 동안 지속될 것이다. 죄를 완전히 무력화시키고 무장 해제시킬 수 있는 사람이 있다면, 그는 로마서 8장 13절에서 말한 의무를 수행할 필요가 없다. 실로 하루라도 잠시 죄의 공격에서 해방될 수 있는 사람이 있다면, 그는 자신의 영혼에게 "내 영혼아, 잠시 쉬어라"고 말할 수 있을 것이다. 하지만 실제로 그런 사람은 아무도 없다. 믿음의 선조들은 죄로부터 해방된 후에도 죄로부터 피할 수 있는 도피처는 없으며, 죄와 끊임없이 싸워야 한다는 사실을 깨닫고 한순간도 방심하지 않았다.

죄는 항상 극단을
추구하는 속성이 있다

죄는 활동하면서 우리에게 반항하도록 부추기고, 문제를 일으키며, 항상 우리를 혼란스럽게 한다. 그뿐만 아니라 우리가 그 죄를 계속해서 죽이지 않고 방치한다면 우리 영혼을 파괴하는 더욱더 큰 저주스런 수치를 가져오게 만든다. 그래서 바울은 죄의 열매와 행위가 무엇인지 말했다. "육체의 일은 분명하니 곧 음행과 더러운 것과 호색과 우상 숭배와 주술과 원수 맺는 것과 분쟁과 시기와 분냄과 당 짓는 것과 분열함과 이단과 투기와 술 취함과 방탕함과 또 그와 같은 것들이라"(갈 5:19-21). 다윗과 많은 사람이 죄를 지었을 때 어떤 결과가 일어났는지 당신은 성경을 통해서 이미 잘 알고 있을 것이다.

죄는 항상 극단을 추구한다. 즉 우리를 유혹할 때 그 유혹과 같은 길 위에서 가능한 한 더 큰 죄를 짓도록 유도한다. 그 결과 불결한 생각은 나중에 우상 숭배가 되고, 탐심의 욕구는 탄압으로 변하게 된다. 또한 처음에 불신앙적인 생각을 갖게 하고서 나중에는 무신론으로 유도하기도 한다. 죄는 처음부터 우리 마음속에 수치스런 말을 하며 유혹하지 않는다. 즉 수치스런 말로 속삭이면서 처음부터 큰 죄를 짓도록 자극하지 않는다. 죄는 우리 마음속의 정욕을 자극해서 그 경로를 통해 더욱더 큰 죄의 최고봉에 오르도록 유도한다. 그것은 마치 무덤과 같아서 절대 만족하는 법이 없다. 바로 이런 점에서 죄의 거짓됨이 드러난다. 죄가 승리할 때 인간은 강퍅해져서 파멸하게 된다(히 3:13). 죄의 행동과 속삭임은 처음에는 매우 대수롭지 않아 보인다. 하지만 일단 우리 마음속에 그 뿌리를 내리면 계속해서 자신의 영역을 넓혀 더 큰 죄를 짓도록 유도한다.

이처럼 죄는 서서히 활동하기 때문에, 우리 영혼은 마음속에 처음 들어온 죄가 나중에 우리로 하여금 하나님에게서 떨어져 나가게 한다는 사실을 제대로 인식하지 못한다. 영혼은 죄가 눈에 띄게 드러나지 않는다면 그것에 무관심한 태도를 보인다. 하지만 복음이 요구하는 것처럼 우리가 아무리 작은 죄라도 분별하지 않는다면 우리 영혼은 강퍅해질 수밖에 없다. 그 결과 죄의 세력은 계속해서 우리를 압박하게 된다. 죄의 최종 목표는 하나님을 포기하고 대적하도록 하는 데 있다. 죄가 계속해서 수위를 높여 우리를 더욱 강퍅하게 하고 자신의 입지를 넓혀 나가는 이유는 바로 죄의 거짓됨 때문이다.

그러기에 죄를 막을 수 있는 길은 오직 죄를 죽이는 방법밖에 없다. 그러므로 우리는 매 순간 죄의 뿌리를 마르게 하고, 죄의 머리를 쳐서, 그것이 지향하는 목표를 원천 봉쇄해야 한다. 이와 같은 의무를 우리가 저버린다면 이 세상에서 아무리 훌륭한 성도라 할지라도 결국 온갖 종류의 저주스런 죄에 빠지고 말 것이다.

성령은 우리의 죄를 대적하신다

우리에게 성령과 새로운 품성이 주어진 것은 죄

와 그 욕심을 대적하기 위함이다. "육체의 소욕은 성령을 거스르고"라는 말 다음으로 "성령은 육체를 거스르나니"(갈 5:17)라는 말이 나온다. 이는 육체가 성령을 거스르는 것처럼 우리 안에 주어진 성령, 또는 새로운 영적 품성은 육체를 거스르는 성향이 있다는 것이다.

이와 관련해서 베드로후서 1장 4~5절에서는 "정욕 때문에 세상에서 썩어질 것을 피하여 신성한 성품에 참여하는" 특권을 주셨다고 말씀한다. 그 결과로 우리 안에는 육체 속에 거하는 죄의 법뿐만 아니라 마음의 법이 생기게 되었다(롬 7:23). 이 두 개의 법이 서로 싸울 때 마음의 법이 힘쓰지 못하도록 그것을 가두고 죄의 법이 자유롭게 활개 치도록 내버려 둔다면, 그처럼 불합리하고 어리석은 일은 없을 것이다. 실로 우리의 영원한 생명을 위해 싸우는 마음의 법을 가두고, 우리를 영원히 파괴시키는 죄의 법을 방치하는 행위는 이 세상에서 가장 어리석은 짓이다.

이 영적 싸움은 우리의 삶과 영혼이 달려 있는 싸움이다. 매 순간 죄를 이기기 위해서 우리의 새로운 품성과 성령을 사용하지 않는다면, 그것은 최대의 적과 대적하기 위해 하나님이 주신 훌륭한 자원을 경홀히 여기는 짓이다. 실로 우리가 하나님이 주신 것을 사용하지 않는다면, 하나님은 우리에게 더는 많은 것을 주시지 않을 것이다. 하나님이 우리에게 은사뿐만 아니라 은혜를 주신 목적은 우리로 하여금 그것들을 사용하여 죄를 이기도록 하기 위함이다. 따라서 매 순간 죄를 죽이는 삶을 살지 않는다면, 그것은 하나님의 선하심, 자비, 지혜, 은혜, 그리고 그분의 사랑에 정면으로 도전하는 죄를 짓는 것이다.

죄 죽이는 의무를
소홀히 했을 때의 결과는?

이런 의무 태만은 우리 영혼을 바울이 말한, "겉사람은 낡아지나 우리의 속사람은 날로 새로워지도다"(고후 4:16)라는 상태와 완전히 정반대가 되게 만든다. 그래서 오히려 속사람이 낡아지고 겉사람은 날로 날로 새롭게 되는 격이 된다. 즉 거꾸로 다윗의 집이 죄를 짓고 사울의 집이 은혜를 받는 형국이 되는 셈이다. 마음속에 주어진 은혜를 잘 간직하기 위해서는 훈련과 성취라는 두 개의 축이 필요하다. 우리가 그 은혜를 그대로 방치한다면 은혜는 부패해서 썩고 만다. 그리하여 죄가 세력을 얻어 우리 마음을 더욱 강퍅하게 만든다(계 3:2, 히 3:13). 여기서 내가 의도하는 바를 다시 말한다면 의무를 수행하지 않을 때 은혜는 시들게 되고, 대신 죄의 욕망이 번성하게 된다는 것이다. 그래서 우리 마음은 점점 더 완악하게 된다는 사실이다.

죄를 죽이는 의무를 태만히 함으로써 죄가 승리를 거두게 되면 우리 영혼의 뼈는 쇠하게 되며(시 31:10), 사람은 연약해져서 죽음의 자리에 이르게 된다(시 38:3-5). 그 결과 위를 쳐다볼 수 없게 된다(시 40:12). 가련한 피조물이 연속적으로 공격을 받고 계속해서 상처와 실패를 당하게 되면, 그들은 죄의 거짓됨을 통해 더욱 강퍅해져서 그들의 영혼은 결국 피흘려 죽고 만다. 실로 매 순간 우리가 주시해야 할 이 의무를 소홀히 해서 그런 무서운 심판을 당한다는 것은 매우 슬픈 일이다.

한때 겸손하고 상냥하며, 상한 심령으로 타인에게 무례를 범하지 않기 위해 애쓰며, 주님의 계명을 열심히 지킨 자라고 여겨졌던 크리스천들이 죄를 죽이는 의무를 소홀히 해서 결국 세상적이고 육적이며, 차갑고 화를 잘 내며, 세상 사람들과 사물에 동화되어 신앙을 저버리고, 무서운 유혹에 빠져드는 일을 종종 보게 된다. 이 모든 게 죄를 죽이는 의무를 소홀히 했기 때문이다.

이와 관련해서 죄를 죽이려는 노력에는 두 극단이 있다. 한 극단은 굳은 결의로 죄를 이기려는 자세이다. 이것은 결국 율법적인 태도로 남의 흠을 잡고, 분노와 시기, 그리고 악독과 교만함을 낳는다. 또 다른 극단은 자유함과 은혜라는 핑계로 죄를 죽이는 일을 소홀히 하는 것이다. 죄를 이기는 삶과 관련해서 진정한 복음적인 입장은 이 양극단을 피하는 것이다. 아쉽게도 오늘날 우리 모습에는 이 중용의 입장을 거의 찾아볼 수 없다. 다음에서 그 입장이 무엇인지 좀 더 자세히 살펴보기로 하자.

우리의 의무는
온전히 거룩해지는 것이다

우리의 의무는 주님을 두려워하면서 거룩함을 온전히 이루는 것이다(고후 7:1). 또한 우리는 매일 은혜 안에서 자라나야 하는 의무가 있다(벧전 2:2, 벧후 3:18). 그리고 매일의 삶에서 우리 속사람은 새로워져야 할 필요가 있다(고후 4:16). 하지만 이와 같은 의무는 매일 죄를 죽이지 않고서는 절대 성취할 수 없다. 죄는 거룩한 모든 행동을 방해하고 성도의 성장을 막기 위해서 자신의 역량을 최대한 발휘할 것이다. 그러기에 죄의 소욕을 억제하지 못하는 사람은 절대 거룩함에서 성장을 이룰 수 없다. 죄를 죽이지 못한 사람은 영혼의 목적지를 향한 여정에서 어떤 발도 내딛을 수 없다. 죄의 공세를 느끼지 못하고 죄를 이기기 위해 자신을 자제하지 않는 사람은 죄에 대해서 죽었다기보다는 죄와 타협한 사람이다.

그러므로 앞으로의 담론에서 말하고자 하는 원리는 바로 이것이다. 즉 우리가 그리스도의 십자가의 공로로 모든 죄를 죽일 수 있고, 처음 회심해서 죄의 자각과 수치심을 느끼고, 죄에 대항하는 새로운 원리를 마음속에 심어 죄를 이기는 보편적인 삶의 토대를 이루었다 할지라도, 여전히 우리 마음속에는 죄가 거하며 활동한다는 사실이다. 그러기에 우리는 이 세상에 살면서 매 순간 끊임없이 죄를 억제하고 극복해야 하는 의무가 있다.

그다음 두 번째 원리를 말하기에 앞서 오늘날 자칭 그리스도인이라고 공언하는 사람들에 대해 짚고 넘어가야 할 부분이 있다. 이들의 삶을 보면 죄를 죽이는 자세를 거의 찾아볼 수 없다. 실로 이 세대의 사람들은 광명의 빛을 받았고, 그것과 함께 영적인 은사도 얻었다. 따라서 오늘날에는 다른 여러 가지 원인과 결합해서 신앙을 공개적으로 표명하는 사람들이 많이 생겨났다. 그리고 여기저기에서 종교와 종교적인 의무에 관한 이야기들을 쉽게 들을 수 있다. 즉 이전처럼 경박하고 텅 빈 헛된 설교가 아닌 영적 은사를 쏟아내는 설교를 많이 들을 수 있게 된 것이다. 오늘날 사람들의 은사와 그들이 공표하는 말로 성도수를 센다면, 교회는 "어떻게 이런 성도들이 갑자기 쏟아져 나오게 된 것이지?"라고 반문하며, 분명 그 수에 놀랄 것이다.

하지만 앞에서 말한 죄를 이기는 크리스천의 차별적인 은혜라는 기준으로 성도수를 계산한다면 그 수는 훨씬 줄어들 것이다. 이 세대는 빛을 통해 회심했고, 이전보다 영성에 대해 더욱 많은 말을 하며, 주님이 자신에게 행하신 일들을 공표하는 사람들일지라도 거의가 죄를 죽이는 삶은 살지 않는다. 오히려 헛된 시간 낭비, 게으름, 비생산적인 자세, 시기, 싸움, 알력, 경쟁, 분노, 교만, 세속적인 생각, 이기심 등이 오늘날 크리스천의 지표가 되고 있다. 이런 상황에서 우리 자신도 그와 같은 죄의 요소들을 가졌다는 사실을 부인할 수 없다.

인간을 구원하는 빛을 소유한 사람들이 이 지경이라면, 복음의 빛을 경멸하거나 죄를 죽여야 할 성도의 의무를 단순히 외형적인 오락에서 스스로를 자제하는 행위 정도(물론 이런 행위도 중요한 성도의 의무이지만 실제로 이들은 이것도 제대로 지키지 않는다)로 축소시키는 사람들의 경우에는 무슨 말을 할 수 있을까? 그럼에도 선하신 주님은 이런 우리의 병을 치료하기 위해서 죄를 이기는 영을 보내주셨다. 만약 그렇지 않다면 우리는 소망 없는 비참한 상태에 있게 될 것이다.

그렇다면 죄를 죽이지 않는 그리스도인에게서 찾아볼 수 있는 악은 무엇일까? 하나는 당사자 자신에게 있는 악이고, 다른 하나는 타인과 관련된 악이다.

우리 자신에게 있는 악

가령 어떤 사람이 죄를 별로 자각하지 않는다고 하자. 일반적으로 죄를 죽이지 못하는 원인은 마음속에서 죄의 쓴 맛을 음미하지 않고 그 죄를 그대로 삼키기 때문이다. 은혜와 자비에 대한 생각에 자신의 상상력을 고정시켜 일상적인 죄에 대해서 아무런 고통 없이 그대로 소화하는 사람은, 결국 하나님의 은혜를 음탕한 것으로 바꾸고, 죄의 속임수로 인해 그 마음이 강퍅해지게 된다.

사실 인간의 마음이 거짓되고 부패했다는 것을 이처럼 잘 보여주는 증거도 없다. 우리를 깨끗하게 하기 위해 주어진 그리스도의 피(요일 1:7), 우리로 회개하게 만드는 그리스도의 승계하심(행 5:31), 그리고 우리로 하여금 모든 불경건한 것을 부인하도록 가르쳐주는 은혜의 교리(딛 2:11-12)를 죄짓기 위한 도구로 이용하는 행위는 우리의 뼈를 쇠하게 만드는 반역이 아닐 수 없다.

신앙을 공언했지만 결국 배교한 사람들의 대부분은 이와 같은 경로로 우리에게서 떨어져 나갔다. 한때 그들은 죄를 자각하고, 그 자각 속에서 자신에게 주어진 의무를 수행했다. 그리고 죄에 대한 자신의 자각을 사람들에게 공표했다. 실로 그들은 "우리 주 되신 구주 예수 그리스도를 앎으로 세상의 더러움을 피한"(벧후 2:20) 경험이 있었다. 하지만 복음의 교리는 알았지만 자신들이 왜 의무를 수행해야 하는지 그 원리를 알지 못한 탓에 은혜의 교리로부터 도태되어 의무를 소홀히 하는 모습으로 전락하고 말았다. 그리고 일단 이러한 악에 사로잡히자 그들은 재빠르게 파멸로 치닫게 되었다.

타인에게 나쁜 영향을 미치는 악

타인에게 나쁜 영향을 미치는 악에는 두 가지 경우가 있다.

첫째는 죄를 죽이지 못하는 사람들을 보고, 다른 사람들이 자신도 선한 상태에 있다는 잘못된 선입관을 갖고, 자신의 마음을 강퍅하게 하는 경우이다. 하지만 죄를 이기려는 노력이 없는 신앙인의 내부는 모두 오염되고 무가치한 것들이다. 이런 자들로부터 영향을 받게 되면 종교에 열심은 가질 수 있지만 그 열심에 인내와 보편적인 의가 동반되지는 못한다.

죄를 죽이지 않는 사람들은 방탕함을 부인하지만 실제로 매우 세속적이다. 세상과 자신을 분리하면서 전적으로 자신만을 위해 살기 때문이다. 그래서 이 땅에서 사랑의 자비를 베풀지 않는다. 또한 그들의 말은 영적이지만 실제의 삶은 빈껍데기에 불과하다. 그리고 하나님과의 교제에 대해 언급하지만 철저히 세상과 영합한 삶을 살아간다. 죄를 용서받은 사실을 자랑할 뿐 다른 사람들에 대해서는 절대로 용서하지 않는다. 이와 같은 이중적인 언행을 통해 이들은 중생한 자신들의 마음을 더욱 강퍅하게 만든다.

둘째는 죄를 죽이지 못한 신앙인들이 타인들에게 그들도 자신들과 같은 경지에 이르게 되면 모든 게 잘될 것이라고 잘못된 믿음을 심어주어 그들을 속이는 경우이다. 그래서 이런 영향을 받은 사람들은 종교적으로 자신의 이름을 높이려는 유혹에 빠지게 된다. 하지만 이들이 다른 사람들보다 외형적으로 더 높은 경지에 이른다 할지라도 절대 영생을 얻을 수 없다. 죄를 죽이지 않는 삶에서 파생되는 악에 관해서는 다음 장에서 좀 더 자세히 살펴보기로 하자.

John Owen
Mortifications of Sin

[Chapter 3]

죄를 죽이기 위한
원천인 성령을 구하라

• • • • •

다른 어떤 방법으로도 죄를 이길 수 없다
죄를 죽이는 것은 전적으로 성령의 사역이다

* * * * *

　육체의 소욕은 성령을 거스르고 성령은 육체를 거스르나니 이 둘이 서로 대적함으로 너희가 원하는 것을 하지 못하게 하려 함이니라. 갈라디아서 5:17.
　그다음으로 제시되는 원리는 죄를 죽이기 위한 원천인 성령에 관한 것이다. 실로 죄를 죽이는 일은 오직 성령만이 감당하실 수 있다. 성령을 배제한 모든 수단과 방법은 무용지물에 불과하다. 성령만이 이 사역을 효과적으로 성취할 수 있는 원천이시다. 성령은 자신이 기뻐하시는 뜻대로 우리 안에서 역사하신다.

다른 어떤 방법으로도 죄를 이길 수 없다

　　사람들은 다른 처방책을 찾으려고 헛되게 노력

하지만 그들의 수고는 결국 수포로 돌아갈 것이다. 죄를 이기기 위해서 그들이 행하는 방법은 다양하다. 외형적으로 종교처럼 공언하는 로마 가톨릭교회의 종교 행태는 대부분 죄를 이기기 위한 잘못된 방법과 수단으로 채워져 있다. 로마 가톨릭은 죄를 죽이기 위해 '거친 베옷'을 입는데, 이것은 사실 거짓된 위선이다. 그들의 맹세, 계율, 금식, 고행 등은 모두 죄를 이기기 위한 행위와 연관된다. 또한 그들의 설교, 가르침, 그리고 헌신의 책들도 모두 같은 맥락이다. 하지만 이런 로마 가톨릭의 행태와 관련해서 혹자는 '무저갱'에서 나오는 '황충'(계 9:3)을 로마 가톨릭교회의 수사들로 해석하고 있다.

이 황충은 사람들을 괴롭혀서 "사람들이 죽기를 구하여도 죽지 못하게"(계 9:6) 만든다고 성경은 말한다. 가톨릭 수사들을 황충에 비유하는 이유는 로마교회의 수사들이 그들의 신랄한 설교를 통해 사람들에게 죄를 확신시켜주지만, 죄를 치료하고 이길 수 있는 진정한 치료제는 제시하지 못한 채 계속해서 사람들을 영원한 고뇌와 두려움 속에 감금시키고, 더 나아가 차라리 '죽고 싶을' 정도로 엄청난 고통을 양심에 안겨주기 때문이다.

나는 이 점이 바로 로마 가톨릭 종교의 본질이라고 생각한다. 로마 가톨릭은 사역의 본질과 목적이 무엇인지도 알지 못한 채 죽음에 이른 사람들을 더욱 죽이려고 혈안이 되어 있다. 로마 가톨릭은 자신의 사역을 통해 독이 퍼져나가고 있다는 사실도 모른 채 그런 사역을 하는 사람들에게 그들의 공덕을 찬양하기 위해 교만하고 야비한 직위들을 수여했다. 그러므로 그들의 영광은 수치라고 하지 않을 수 없다.

그런데 죄를 이기기 위해 로마 가톨릭 신부들이 고안한 방법과 수단을 복음의 빛과 지식을 가진 사람들이 똑같이 답습하여 사용하고 있다는 사실은 정말 아이러니하다. 최근에 자칭 개신교도라고 하는 사람들이 죄를 이기기 위한 목적으로 로마 가톨릭과 비슷한 노선의 방법을 주창했다. 그리스도나 그분의 성령에 관해서는 일언반구도 없이 그들은 자신들이 주창한 외형적 노력, 육체적 연습, 자기 공로적 행위, 그리고 율법적 의무 등을 마치 죄를 이기기 위한 유일한 수단이자 방편인 양 떠들어댔다. 그리고 그것들을 통해 하나님의 능력과 복음의 신비 저변에 있는 놀라운 세계를 경험할 수 있다고 허황된 말로 호도했다. 이 책에 담론을 쓰게 된 동기 중에 하나는 바로 이와 같은 현실 때문이다.

이제 로마 가톨릭교회가 아무리 노력해도 절대로 죄를 죽이거나 극복할 수 없는 이유를 알아보자.

첫째, 죄를 이기기 위해 그들이 사용하고 주장하는 방법과 수단은 결코 하나님으로부터 나온 방법이 아니기 때문이다. 종교가 스스로의 목표를 위해 방법을 고안한다는 것은 어불성설이다. 방법은 오직 하나님께서 지정해주실 때만 효력이 있다. 로마 가톨릭 수도사들의 거친 베옷, 맹세, 고행, 훈련, 수도생활 등에 대해서 하나님은 "누가 너희 마음대로 그런 것들을 지정했느냐?"라고 말씀하실 것이다. 그리고 "너희들은 사람의 전통을 가르치며 나를 헛되게 섬기고 있다"라고 책망하실 것이다. 이들이 사용하는 잡다한 고행적 행위는 모두 인간적인 방법이라는 공통된 특성을 갖고 있다.

둘째, 하나님께서 지정하신 방법인 기도, 금식, 철야, 묵상 등과 같은 것들을 로마 가톨릭 교도들이 올바르게 사용하지 않기 때문이다. 물론 이와 같은 것들은 죄를 이기는 데 유용한 수단들이다. 하지만 이것들은 단지 샘에서 나오는 물줄기에 불과하다. 그럼에도 로마 가톨릭교회는 이것들을 샘 자체와 동일시한다. 실로 이런 방법들은 성령과 신앙에 종속되어 목적을 성취하기 위한 수단임에도 로마 가톨릭의 교황 절대주의자들은 그런 방법들 자체가 어떤 효력을 가졌다고 여긴다. 그래서 자신들이 많이 금식하고, 많이 기도하며, 종교적인 시간을 계속 준수한다면 효과가 나타날 것이라고 생각한다. 사도 바울이 말한 것처럼 그들은 항상 배우지만 절대 진리를 아는 자리에는 오르지 못한다. 그들은 항상 죄를 이기려고 하지만 그들에게서 온전히 죄를 이기는 삶은 절대 기대할 수 없다. 결국 그들이 죽이는 것은 육적인 소욕이나 타락한 성품이 아니라 인간으로서 자연스럽게 영위하는 삶뿐이다.

이것은 복음을 모르는 사람들의 일반적인 실수이기도 하다. 이 세상에 유입된 미신과 자기의지 숭배의 기저에는 이런 실수가 도사리고 있다. 옛날 수도원 주창자들이 행한 미신적인 고행들을 보면 정말 무시무시할 정도로 끔찍하다! 그들의 행동은 한마디로 자연에 대한 폭거였다! 그들은 자신에게 정말로 극단적인 가학을 행했다! 그들의 방법과 원리들을 밑바닥까지 조사해보면 그 뿌리에는 앞에서 언급한 그런 실수들이 자리 잡고 있을 것이다. 즉 경직된 방법으로 죄를 이기려는 시도로 인해 타락한 옛사람을 죽이기보다 천성적인 인간의 성품을 죽이는 것이다. 다시 말해 죽을 몸이 아니라 인간으로 살아가는 자연스러운 몸을 죽이는 것이다.

일반 가톨릭 성도들도 상황은 마찬가지다. 그들은 자기를 지배하는 죄책감에 괴로워한다. 그래서 그 죄책감 때문에 즉시 자신에게뿐만 아니라 하나님에게 더는 죄를 짓지 않겠다고 다짐한다. 그래서 스스로를 성찰하고 한동안 기도한다. 하지만 곧 열기는 식어 다시 죄에 대해 무감각해진다. 그 결과 죄를 이기려는 노력은 온데간데없고 죄가 다시 고개를 들어 이전처럼 그들의 삶을 지배한다.

의무는 건강한 영혼에게는 훌륭한 음식이다. 하지만 병든 영혼에게는 절대 약이 될 수 없다. 음식을 보약으로 먹을 수 있는 사람에게는 수술이 필요하지 않다. 그러나 영적으로 병약한 사람은 스스로 땀을 흘리는 의무적인 행동을 통해 자신의 병을 치료할 수 없다. 자신의 영혼을 속이는 사람들은 그런 어리석은 행동을 한다.

이와 같은 방법들이 효력 없는 이유는 그런 노력 자체에 문제가 있기 때문이다. 이런 방법들이 효과를 거두기 위해서는 많은 협력 작용이 일어나야 하는데, 순수한 인간적인 힘으로는 절대 그것을 기대할 수 없다. 나중에 제시하겠지만 이런 협력 작용이 일어나기 위해서는 초자연적인 전능한 힘이 필요하다.

죄를 죽이는 것은
전적으로 성령의 사역이다

그러므로 죄를 죽이는 일은 전적으로 성령의 사역이다. 그 이유는 다음과 같다.

첫째, 하나님이 죄를 죽이는 일을 위해 우리에게 성령을 보내주시겠다고 약속하셨기 때문이다. 완악하고 교만하고 반항하며 불신적인 돌과 같은 마음을 제거하는 일은 일반적으로 죄를 죽이는 사역에 속한다. 성경은 이런 사역을 성령이 하신다고 말씀한다. "내가 그들에게 한 마음을 주고 그 속에 새 영을 주며 그 몸에서 돌 같은 마음을 제거하고 살처럼 부드러운 마음을 주어"(겔 11:19). 실로 이런 일은 성령에 의해서만 가능하며 다른 방법은 절대 없다(사 57:17-18).

둘째, 우리가 죄를 죽이는 것은 그리스도의 은사로 가능하다. 그리스도의 은사는 그리스도의 영을 통해서 우리에게 주어진다. "나를 떠나서는 너희가 아무것도 할 수 없음이라"(요 15:5). 또한 성령은 그리스도의 은사를 베풀고, 그것을 더욱 넘치도록 하며, 효율적으로 적용하는 데 필요한 모든 것을 우리에게 공급하는 일을 하신다. 그리스도는 오직 이 성령을 통해서만 우리 안에 들어와 역사하신다. 우리가 죄를 이기는 것은 바로 성령을 통해 자신의 은혜를 베풀어주시는 예수 그리스도 때문이다. "이스라엘에게 회개함과 죄 사함을 주시려고 그를 오른손으로 높이사 임금과 구주로 삼으셨느니라"(행 5:31). 죄를 이기는 삶은 회개의 큰 부분을 차지한다.

그렇다면 성도는 어떻게 죄를 이길 수 있는가? 한마디로 그리스도께서 아버지로부터 약속하신 성령을 받아 죄를 이기도록 우리에게 그 성령을 보내주시기 때문에 가능하다. "하나님이 오른손으로 예수를 높이시매 그가 약속하신 성령을 아버지께 받아서 너희가 보고 듣는 이것을 부어 주셨느니라"(행 2:33). 이와 관련해서 우리는 다음 두 가지 질문에 대답할 필요가 있다.

| 첫 번째 질문 | 성령은 어떻게 죄를 죽이는가?

첫째, 성령은 우리의 마음이 은혜로 넘치게 하고, 육체의 열매에 반하는 열매들을 풍성하게 맺게 함으로써 죄를 이기게 하신다. 이런 점에서 바울은 육체의 열매와 성령의 열매를 서로 대조시킨다. 육체의 열매와 성령의 열매는 서로 차원이 다르다. 그런데 이 두 열매가 우리 안에 넘치도록 공존한다면 어떻게 되겠는가? 과연 서로 다른 두 종류의 열매가 풍성하게 함께 거할 수 있겠는가? 이에 대해 바울은 그럴 수 없다고 단언한다. "그리스도 예수의 사람들은 육체와 함께 그 정욕과 탐심을 십자가에 못 박았느니라"(갈 5:24). 그러면 어떻게 그런 일이 일어날 수 있는가? 그 해답은 "성령으로 살고 성령으로 행함으로써" 일어날 수 있다(갈 5:25). 즉 우리 안에 내주하시는 성령의 풍성한 은혜에 따라서 행할 때 가능하다는 뜻이다.

사도 바울은 육체의 소욕과 성령의 소욕에 대해서 이 둘이 서로 대적한다고 말한다(갈 5:17). 그러므로 이 둘은 같은 곳에서 똑같은 강도로 공존할 수는 없다. 우리를 새롭게 하시는 성령의 사역이야말로 죄를 이기는 가장 위대한 방법이다. 성령은 육체의 열매와 우리 안에 거하는 죄의 활동을 무너뜨리고, 그것들을 대적하게 하여 주님의 은혜 안에서 우리로 하여금 자라나고 성장하도록 역사하신다.

둘째, 성령은 실제적인 효력을 발휘하여 죄의 뿌리와 습관을 무력화시키고 파괴하고 제거하신다. 이런 이유 때문에 성경은 성령을 "심판하는 영과 소멸하는 영"(사 4:4)이라고 말씀한다. 성령은 돌 같은 우리 마음을 전능한 능력으로 없애주신다. 그리고 그와 같은 일을 하실 때 강도를 점점 높여 실행하신다. 실로 성령은 정욕의 근원을 소멸시키는 불이시다.

셋째, 성령은 믿음으로 성도들의 마음속에 그리스도의 십자가를 가져다주어 우리로 하여금 그리스도의 죽음과 그분의 고난에 동참하게 하신다. 그 구체적인 방법에 대해서는 나중에 자세히 다루겠다.

| **두 번째 질문** | 죄를 죽이는 일이 오직 성령의 사역이라면 왜 성경은 인간인 우리에게 죄를 죽이라고 권면하는가? 하나님의 성령만이 그 일을 할 수 있다면 전적으로 성령께 맡기는 게 옳지 않는가?

첫째, 성령의 사역방식은 우리 안에 은혜를 주시고, 그 은혜를 통해 우리로 선행을 행하도록 역사하신다. 성령은 우리 안에서 자기의 기쁘신 뜻을 위하여 소원을 두고 행하게 하시는 분이다(빌 2:13). 그래서 성경은 성령이 우리의 모든 일을 우리를 위하여 행하신다고 말씀한디(시 26:12). 또한 성령은 믿음의 역사를 능력으로 이루시는 분이다(살후 1:11, 골 2:12). 이 성령은 우리로 하여금 기도하게 하는 '간구의 영'이기도 하다(롬 8:26, 슥 12:10). 그러면서도 여전히 우

리에게 그 모든 일을 하라고 권면하신다.

둘째, 성령은 우리 안에서 죄를 이기도록 역사하실 때 죄를 이기는 행위를 여전히 우리 순종의 행동으로 간주하신다. 성령은 우리가 성령의 사역을 받기에 적합할 때만 우리에게 간섭하셔서 우리를 대신하여 역사하신다. 순종을 위한 우리의 자유 의지를 존중하기 때문이다. 성령은 우리의 지혜, 의지, 양심, 그리고 감정을 우리의 인품에 따라 사용하신다. 그리고 우리 안에서 우리와 협력하여 역사하시기 때문에 우리 의지를 꺾지 않으신다. 성령이 우리를 도와주시는 방식은 우리에게 용기를 북돋아주어 태만하지 않고 사역을 잘 감당하도록 하는 것이다.

실로 여기서 나는 가련한 영혼들이 끊임없이 어리석은 노력을 기울이는 모습을 다시 한번 지적하고 싶다. 죄를 자각하지만 그 죄에 대항할 힘이 없는 이 가련한 영혼들은 죄를 죽이기 위해 수많은 기괴한 방법과 의무를 지어내어 자신을 얽어맨다. 하지만 그 결과는 헛된 것이기에 결국 하나님의 영과 전혀 상관없는 사람들이 되고 만다. 그들의 싸움은 승리 없는 싸움이며 평화 없는 전쟁이다. 실로 이들의 삶은 항상 노예와 같다. 그들은 양식이 아닌 것에 자신의 힘을 소진하고 쓸데없는 일에 헛된 노력을 기울인다.

이렇게 되면 정말 슬픈 싸움이 되고 만다. 율법에서 오는 죄책감에 사로잡힐 때 영혼들은 죄와 싸워야 한다는 중압감을 갖게 된다. 하지만 그들에게는 그 싸움을 이길 힘이 없다. 싸울 수밖에 없지만 절대 그 싸움에서 이길 수는 없다. 그들은 마치 일부러 죽기 위해 적의 칼에 자신의 몸을 던지는 사람과도 같다.

율법에 이끌려 살아가는 이들은 결국 죄의 세력에 굴복하고 만다. 때때로 이들은 죄를 이겼다고 착각하기도 한다. 하지만 죄의 실체를 볼 수 없기에 실상 이들은 단순히 죄의 겉 먼지만 털어낼 뿐이다. 두려움, 슬픔, 그리고 고뇌들을 일부러 외면함으로써 그들은 자신이 죄를 죽였다고 믿는다. 하지만 결국 죄를 죽이겠다는 그들의 열기는 곧 식어지고 다시 죄와 대면하게 된다. 이때 그들이 이미 죽였다고 생각했던 육체의 욕심은 아무런 상처도 받지 않은 채 다시 전면에 등장하게 된다.

이렇게 노력을 해도 천국에 들어가지 못하는 사람들이 있다면, 그런 노력 자체도 하지 않는 사람들의 상태는 불을 보듯 뻔할 것이다. 이들은 영원히 죄의 지배 아래서 오히려 죄를 사모하며 육체의 정욕을 채우기 위해서 애쓸 뿐이다.

John Owen
Mortifications of Sin

[Chapter 4]

그러나 하나님의 은혜에는 전제 조건이 있다

· · · · ·

평화와 위로는 하나님만이 주시는 특권이다
죄를 죽이는 일은 하나님의 은혜에 영향을 끼친다

✳ ✳ ✳ ✳ ✳

내가 그의 길을 보았은즉 그를 고쳐 줄 것이라. 그를 인도하며 그와 그를 슬퍼하는 자들에게 위로를 다시 얻게 하리라. 이사야 57:18.

영생을 위해서는 죄를 죽여야 하며, 죄를 죽일 때만이 확실한 삶을 누릴 수 있다는 데는 이론의 여지가 없기 때문에 이 논의는 생략하겠다. 대신 이 장에서 내가 주장하고자 하는 것은 우리의 영적 삶의 활력과 위안은 죄를 죽이는 삶에 크게 좌우된다는 사실이다.

하나님과 동행할 때 우리는 힘, 위로, 능력, 그리고 평강 등을 갈구한다. 사람들에게 영적 삶을 힘들게 하는 일이 무엇인지 묻는다면 그들은 이렇게 대답할 것이다. 하나는 하나님께 순종하며 그분과 동행하면서도 힘, 능력, 그리고 활력을 얻지 못하는 경우이며, 다른 하나는 내면에 평화, 위안, 그리고 위로가 없는 경우라고 말이다. 그런데 이와 같은 힘, 능력, 활력, 평화, 위안 등은 우리가 계속해서 죄를 죽일 때만 찾아온다.

평화와 위로는
하나님만이 주시는 특권이다

그렇다고 죄를 죽이면 무조건 그런 것들이 온다는 뜻은 아니다. 죄를 죽이는 삶을 살지라도 평화와 위안을 맛보지 못할 수도 있다. 바로 구약성경 역대상에 등장하는 헤만이 이와 같은 사람이었다(대상 2:6). 그는 끊임없이 죄를 죽이면서 하나님과 동행하는 삶을 살았다. 하지만 항상 공포와 상처가 그의 삶의 일부분으로 따라다녔다(시 88편). 그러나 하나님은 그를 자신의 훌륭한 친구로 선택하시고 후세대에 고통 중에 있는 사람들을 위한 모범으로 삼으셨다. 만약 고통 중에 있는 당신이 헤만과 같은 은혜를 받는다면 불평할 수 없을 것이다. 결국 헤만은 세상이 끝날 때까지 사람들로부터 칭송받는 축복을 얻었다.

평화와 위로를 주시는 것은 하나님만의 특권이다. 하나님은 자신이 직접 위로의 은혜를 베푸신다고 말씀하신다. "내가 그의 길을 보았은즉 고쳐 줄 것이라. 그를 인도하며 그와 그를 슬퍼하는 자들에게 위로를 다시 얻게 하리라. 입술의 열매를 창조하는 자 여호와가 말하노라. 먼 데 있는 자에게든지 가까운 데 있는 자에게든지 평강이 있을지어다. 평강이 있을지어다. 내가 그를 고치리라 하셨느니라"(사 57:18-19). 그러면 하나님은 어떻게 우리를 위로하시는가? 힌마디로 새로운 창조를 통해서다. "입술의 열매를 창조하는 자 여호와가 말하노라"(사 57:19)고 하나님은 말씀하신다. 평화를 얻는 수단을 이용하는 일은 우리의 몫이지만 그것을 베푸는 일은 전적으로 하나님의 특권이다.

우리에게 생명, 활력, 용기, 그리고 위로를 주시기 위해 하나님이 작정하신 방식을 고려해 볼 때, 우리가 죄를 죽이는 삶을 살기 때문에 하나님이 우리에게 은혜를 베풀어주시는 것은 아니다. 죄를 죽이는 삶은 은혜의 직접적인 원인이 아니다. 우리가 하나님의 은혜를 누릴 수 있는 결정적 원인은 신분상 하나님의 양자가 되었기 때문이다. 성령은 우리의 영에게 우리가 하나님의 자녀가 되었다고 증거하신다. 그리고 우리에게 새로운 이름을 주시고 문자 그대로 양자의 특권과 칭의의 은혜를 베푸신다. 그러므로 우리가 하나님으로부터 생명, 활력, 용기, 그리고 위로를 받는 것은 이와 같은 신분상의 특권에서 나오는 것이다.

죄를 죽이는 일은
하나님의 은혜에 영향을 끼친다

하지만 우리가 하나님과 동행할 때 우리의 영적 삶에서 위로와 활기는 많은 부분 죄를 죽이는 삶에서 기인한다. 어떤 면에서 죄를 이기는 삶은 절대적인 필요조건이며, 하나님의 은혜에 영향을 미치는 효과적인 요소이다.

죄를 죽이지 않을 때 일어나는 결과
죄를 죽이지 않을 때 그 죄는 우리 안에서 다음과 같이 작용한다.

첫째, 죄는 영혼을 약하게 하고 그 힘을 빼앗는다. 다윗이 잠시 마음속의 욕정을 이기지 못했을 때 그 욕정은 그의 뼈를 쇠하게 했다. 그리고 그에게서 영적 힘을 앗아가버렸다. 그 결과 그는 병들고 약하고 상처 입은 나약한 자가 되었다고 고백한다. "주의 진노로 말미암아 내 살에 성한 곳이 없사오며"(시 38:3). "내가 피곤하고 심히 상하였으매 마음이 불안하여 신음하나이다"(시 38:8). 또한 그는 자신의 죄악이 자신에게 미침으로써 하나님을 우러러볼 수도 없었으며 낙심하였다고 말한다. "수많은 재앙이 나를 둘러싸고 나의 죄악이 나를 덮치므로 우러러볼 수도 없으며 죄가 나의 머리털보다 많으므로 내가 낙심하였음이니이다"(시 40:12). 정욕을 죽이지 못할 때 그 정욕은 영혼을 삼키고 영혼의 기운을 빼앗아 약하게 만든다.

죄는 우리 마음을 희미하게 하고 무력화시킨다. 구체적으로 하나님과의 교제를 위해 필요한 영적인 틀에서 마음을 떼어놓는다. 죄는 우리 생각을 사로잡아 하나님의 사랑을 내쫓고 죄를 짓도록 부추기고, 영혼에게 다른 것을 사모하도록 만든다. 그 결과 영혼은 하나님께 똑바로 진실하게 "당신은 나의 기업입니다"라고 고백하지 못하게 된다. 하나님으로 채워지기를 원하는 영혼의 갈망, 소망, 그리고 경외심 등이 죄로 물들게 되는 것이다.

죄는 영혼의 생각을 죄에 대한 나쁜 생각으로 채운다. 보통 영혼은 생각이라는 통로를 통해 자양분을 얻는다. 그런데 마음속에서 죄를 죽이지 않게 되면 우리 생각이 오히려 육체를 위한 공급원이 되어 육체의 정욕을 채우는 도구로 전락하게 된다. 그래서 생각이 육체를 윤

택하게 하고 육체를 만족시킨다. 실로 죄로 인해 우리 생각이 더럽고 추한 상상력을 위해 사용되는 지경에까지 이르게 된다.

더욱이 죄는 우리로 하여금 경건한 의무를 수행하지 못하도록 막는다. 그래서 하나님을 경배해야 할 순간에 다른 것에 몰두하여 일하게 하거나, 아니면 허황된 생각을 갖도록 만든다. 이 책의 목적이 만약 육체의 소욕을 죽이지 못할 때 우리 영혼에게 미치는 파괴, 무력, 황폐함 등을 기술하는 것이라면 이 책의 분량은 훨씬 많이 늘어났을 것이다.

둘째, 우리 영혼을 약하게 하는 죄는 또한 영혼을 어둡게 만든다. 죄는 영혼 위에 드리워져 하나님의 사랑과 호의의 광채를 차단하는 **빽빽한** 구름이다. 그것은 우리가 양자됨의 특권을 의식하지 못하도록 만든다. 그리고 영혼이 위로의 생각으로 자양분을 받으려는 순간 죄는 재빨리 그 생각을 흩어뜨린다. 우리의 영적인 삶의 활력과 힘은 죄를 죽이는 삶을 살 때만이 누릴 수 있다. 죄를 죽이는 삶만이 우리에게서 죄를 제거할 수 있는 유일한 방법이다.

정욕으로 인해 상처받고 병든 사람들은 도움을 받고자 한다. 그래서 그들은 죄의 혼란스러운 생각에 압도되어 고통을 당할 때 하나님께 부르짖는다. 하지만 안타깝게도 이들은 헛된 수단을 사용할 뿐이다. 그 결과 그들은 절대 치료받지 못한다. 이 점에 대해서는 호세아서 5장 13절에 잘 나타나 있다. "에브라임이 자기의 병을 깨달으며 유다가 자기의 상처를 깨달"아서 많은 처방책을 시도했다. 하지만 그 모든 것이 무위로 끝나자, 결국 그들은 자신들의 죄를 인정할 수밖에 없었다. "그들이 그 죄를 뉘우치고 내 얼굴을 구하기까지 내가 내 곳으로 돌아가리라. 그들이 고난받을 때에 나를 간절히 구하리라"(호 5:15). 이처럼 사람들은 자신의 병과 상처를 볼 수 있다. 하지만 올바른 처방책을 구하지 않을 때 그 병은 절대로 치료되지 않는다.

죄를 죽이기 위해 필요한 희생과 경계

죄를 죽이는 삶은 하나님의 은혜가 우리 마음속에서 더욱 번성할 수 있도록 때때로 은혜의 가지를 자르기도 한다. 영적인 삶의 생명과 기운은 우리 마음속에 있는 은혜의 나무가 얼마나 활력을 갖고 번성하느냐에 달려 있다.

당신이 정원에 땅을 일구어 귀중한 화초를 심었는데 주위에 잡초를 방치했다고 가정해보자. 그렇게 되면 화초는 여전히 살아 있어도 시들해져서 쓸모없게 되고, 나중에는 잡초에 가려져서 잘 보이지도 않게 된다. 그래서 화초를 감상하려면 그것을 찾기 위해 애써야 할 것이다. 때때로 당신은 그것을 찾지 못할 수도 있다. 또한 그것을 찾았다 할지라도 그것은 당신이 진정으로 바라는 그런 화초는 아닐 것이다. 이렇게 되면 그 화초는 당신에게 쓸모없는 존재가 되고 만다.

이에 반해 같은 종류의 또 다른 화초를 비슷한 토양에 심었다고 가정해보자. 그리고 당신이 주위의 해로운 것과 잡초들을 제거해주었다고 하자. 그러면 그 화초는 확실히 번성하며 건강하게 자랄 것이다. 당신은 정원을 슬쩍 바라보기만 해도 화초가 어디에 있는지 발견할 수 있을 것이다. 그래서 당신 마음대로 화초를 유용한 목적으로 즐길 수 있을 것이다.

우리 마음에 심겨진 성령의 은혜도 이와 마찬가지다. 사실 성령의 은혜는 죄를 죽이는 의무를 태만히 하는 사람들의 마음속에도 여전히 존재한다. 하지만 그 은혜는 거의 죽은 상태나 다름없다. 그래서 그것들은 시들어 썩어간다. 그러한 마음 밭은 게으른 농부의 밭처럼 잡초로 무성해져 그 속에서 좋은 알곡을 발견하기가 어렵다. 이런 사람은 믿음, 사랑, 그리고 열심을 자기 안에서 찾아보려고 하지만 그것들을 거의 발견하지 못한다. 때론 자신 안에 그러한 은혜가 살아 있는 것을 발견할지라도 그것들은 너무 미약해 정욕으로 막혀 있다. 그 결과 그 은혜는 그에게 아무런 도움이 되지 못한다. 살아 있지만 죽은 것과 진배없는 은혜이다.

하지만 이와 달리 죄를 죽임으로써 마음 밭을 정결하게 하고 정욕의 잡초들이 생겨날 때마다 계속해서 뿌리를 뽑았다고 하자. 그리고 마음속에서 하나님의 은혜가 자라나도록 공간을 만들어주었다고 가정해보자. 그렇게 되면 마음속의 은혜들은 각각의 역할을 수행하며 유용한 목적으로 사용받게 된다.

죄를 죽이지 않는다면 신실할 수가 없다. 죄를 죽이는 사람만이 가장 확실한 신실함의 증거를 가질 수 있다. 이런 신실함은 우리가 누리는 평안의 커다란 기초가 된다. 죄를 죽이기 위해서는 영혼이 자아와 격렬하게 싸워야 한다. 그런 싸움에서 신실함이 나온다.

John Owen
Mortifications of Sin

[Chapter 5]

그렇다면 죄를 죽인다는 의미는 무엇인가?

· · · · ·

마음속에서 죄를 몰아내는 것이 죄를 죽이는 게 아니다
죄를 숨기려는 것이 죄를 죽이는 게 아니다
차분하고 온화한 성품이 죄를 죽이는 게 아니다
일시적으로 죄를 짓지 않는 것이 죄를 죽이는 게 아니다
순간적으로 죄를 이긴 것이 죄를 죽이는 게 아니다

✱ ✱ ✱ ✱ ✱

그리스도의 평강이 너희 마음을 주장하게 하라. 너희는 평강을 위하여 한 몸으로 부르심을 받았나니 너희는 또한 감사하는 자가 되라. 골로새서 3:15.

앞의 내용을 기초로 해서 이제 본론으로 들어가 성도들이 죄를 죽이려 할 때 발생하는 실제적인 문제와 질문들을 다루어보자. 어떤 진실한 성도가 자신 안에 강력한 죄가 거한다는 사실을 발견했다고 가정해보자. 그 죄는 그를 죄의 노예가 되게 하고 그의 마음과 생각에 고통과 혼란을 일으킨다. 그리고 하나님과 교제하지 못하도록 방해하며 마음의 평강을 깨뜨린다. 또한 그의 양심을 더럽히고 죄의 속임으로 그를 더욱 강퍅하게 만든다. 이런 상황에서 그 성도는 무엇을 할 수 있을까? 죄와 정욕, 그리고 병적 타락들을 완전히 없앴을 수는 없다. 하지만 그는 어느 정도 그것들과 싸워 하나님과의 교제 속에서 영적 능력과 평강을 맛볼 수는 있다. 그러기 위해서 그는 어떤 조치를 취해야 할까?

  이런 중요한 문제에 답하기 위해 나의 논의는 앞으로 다음과 같이 전개될 것이다. 첫째, 우리가 올바른 기초를 다지기 위해서 죄를 적극적으로 또는 소극적으로 죽인다는 의미가 무엇인지를 고찰할 것이다. 둘째, 죄를 진정으로 죽이기 위해서 없어서는 안 될 요소에 대한 일반적인 지침을 제시할 것이다(6장). 셋째, 죄를 죽이기 위한 구체적인 방법을 언급할 것이다(8장). 즉 죄를 죽이기 위해 추상적인 신학적 원리를 제시하기보다 앞에서 가정한 특별한 예와 관련한 구체적인 방법들을 논의할 것이다. 그러면 먼저 죄를 죽인다는 것이 무슨 의미인지 살펴보자.

마음속에서 죄를 몰아내는 것이 죄를 죽이는 게 아니다

  죄를 죽이는 일은 죄를 완전히 도말하거나 근절시키고 파괴시켜, 그것이 우리 마음속에 더는 설 자리를 잃어 힘을 발휘하지 못하게 한다는 의미가 아니다. 물론 죄를 죽이는 삶은 그런 목표를 지향한다. 하지만 이 세상에서 그 목표를 완수한다는 것은 거의 불가능한 일이다.

  진실로 죄를 완전히 죽일 수 있는 사람은 아무도 없다. 다만 마음속에 죄가 뿌리를 내리고 열매를 맺지 못하도록 그것을 억제할 뿐이다. 사람들은 죄를 죽여서 죄가 더는 활동하지 않고, 다시는 유혹하지 못하도록 영원히 잠잠히 있어 주기를 바란다. 하지만 그리스도의 영과 은혜로 우리는 죄에 대해 괄목할 만한 승리와 함께 죄를 계속해서 죽일 수는 있지만, 그것을 완전히 제거하는 일은 이 땅에 사는 동안에는 불가능하다.

이와 관련해서 사도 바울은 우리에게 이렇게 말한다. "내가 이미 얻었다 함도 아니요 온전히 이루었다 함도 아니라"(빌 3:12). 바울은 훌륭한 성도였고 성도들의 모범이었으며 믿음과 사랑, 그리고 성령의 열매에서 타의 추종을 불허하는 사람이었다. 이런 연유에서 그는 심지어 다른 성도들과 비교해서 자신을 온전한 사람이라고 말하기까지 했다. "그러므로 누구든지 우리 온전히 이룬 자들은 이렇게 생각할지니 만일 어떤 일에 너희가 달리 생각하면 하나님이 이것도 너희에게 나타내시리라"(빌 3:15).

그렇지만 그도 모든 것을 다 이룬 사람은 아니었다. 그는 온전한 사람이 아니라 그런 사람이 되기 위해 힘썼던 불완전한 사람이었다. 그는 여전히 우리처럼 마지막 날에 그리스도의 권능으로 씻김을 받아야 하는, 죄로 더러워진 몸을 가진 자였다. 하지만 하나님은 우리가 죄의 몸으로 온전치 않은 것이 오히려 유익이라고 말씀하신다. 모든 일에 우리를 위해 최선이 되시는 그리스도를 통해 우리가 온전해질 수 있기 때문이다.

죄를 숨기려는 것이
죄를 죽이는 게 아니다

　　　　　　　　　죄를 죽인다는 것이 죄를 숨긴다는 의미는 아니다. 외형적으로 죄의 행동을 포기하는 외식자를 보고 우리는 그를 변화된 사람으로 칭송할 수 있다. 하지만 하나님의 시각에서 그는 이전의 죄에다 저주스러운 위선 죄를 덧붙인 자일뿐이다. 그러므로 그는 이전보다 훨씬 더 지옥문에 가까워진 셈이다. 이런 사람의 마음속에는 거룩한 새로운 마음보다 더욱 교활한 마음이 자리잡게 된다.

차분하고 온화한 성품이
죄를 죽이는 게 아니다

　　　　　　　　죄를 죽인다는 것은 침착하고 고요한 성품을 더욱 함양시킨다는 의미는 아니다. 사람들 중에는 천성적으로 다른 사람들과 달리 다혈질적인 기질이나 참을 수 없는 격정이 없는 온화한 성품의 사람들이 있다. 이런 사람들이 훈련을 통해 자신의 성품을 계속 계발하고 단점을 고쳐 나간다면, 비록 그들의 마음속에는 온갖 불경한 것들이 내재해 있을지라도 타인이 보기에는 죄를 극복한 사람처럼 보일 수 있다.

　또 개중에는 일생 동안 화를 거의 내지 않은 사람도 있을 수 있다. 심지어 한 번도 남에게 해를 끼친 일이 없는 사람이 있을지도 모른다. 하지만 이런 사람들보다 오히려 때때로 화를 내는 사람이 죄를 죽이는 삶을 더욱 잘 실천할 수 있다고 말할 수 있다. 천성적으로 나쁜 기질을 갖지 않은 사람이 마치 그 기질을 죽이기 위해 노력한 사람처럼 행동하는 것은 분명한 외식이다. 이런 사람이 자신을 올바로 바라보기 위해서는 솔직히 자신 안에 있는 불신, 시기, 또는 그 밖에 영적인 죄를 반드시 시인해야 한다. 하지만 화를 잘 내는 불같은 성격의 사람은 자신을 직시할 수 있기에 스스로 결심만 한다면 하나님의 은혜로 좀 더 쉽게 죄를 극복할 수 있다.

일시적으로 죄를 짓지 않는 것이 죄를 죽이는 게 아니다

죄를 죽인다는 것은 일시적으로 죄를 짓지 않는다는 의미가 아니다. 마술사 시몬은 잠시 자신의 일을 청산하고 떠났지만 그의 마음속에는 탐심과 야심이 계속 자리잡고 있었다. 그러다 보니 그것들은 결국 다른 방식으로 분출되고 말았다. 베드로는 그런 시몬에게 "내가 보니 너는 악독이 가득하며 불의에 매인 바 되었도다"(행 8:23)라고 질책한다. 당신이 아무리 신앙을 고백하고 모든 불의를 버렸다 할지라도 여전히 당신 마음속에는 이전처럼 정욕이 강력하게 자리잡고 있다. 그 정욕의 물줄기를 잠시 딴 곳으로 전환시켰다 할지라도 그것은 다시 다른 형태로 나타나 위력을 발휘할 것이다.

사람은 자신 안에 있는 특정한 형태의 정욕을 분별하고 그것의 분출을 막기 위해 노력할 수 있다. 하지만 그러는 사이 그는 다른 모습으로 나타나는 정욕의 습관에 굴복하게 된다. 그는 퍼져가는 자기 상처를 치료했다고 생각하지만, 그러는 동안 타락한 죄의 기질은 그의 육체에서 다른 모습으로 등장한다. 이렇게 여러 가지 형태로 죄가 전환되어 나타나는 까닭은 은혜에서 떠난 인간의 속성 때문이다. 죄의 전환은 인간의 생활 방식, 관심, 관계, 그리고 계획에 영향을 받아 여러 형태로 나타나게 된다.

세월이 가면서 자연적으로 발생하는 신체의 변화도 전환되어 나타나는 죄의 원인이 될 수 있다. 나이 든 사람은 젊었을 때의 정욕을 계속 갖고 있지만 확실히 그때처럼 그것을 추구하지는 않는다. 이처럼 나이가 들면서 정욕의 형태가 바뀌는 것도 일종의 죄의 전환이다. 구체적으로 사람들이 세속적인 삶에서 교만한 삶을 살거나, 바리새인 같은 삶 대신에 외설적인 삶을 추구하는 경우가 이에 해당한다. 자신이 특정한 죄의 형태를 피했다고 해서 다른 모든 죄를 죽였다고 생각하는 것은 착각이다. 그는 단지 자신의 주인을 바꾸었을 뿐 여전히 죄의 종이다.

순간적으로 죄를 이긴 것이
죄를 죽이는 게 아니다

순간적으로 죄를 이겼다고 죄를 죽인 것은 아니다. 사람들은 다음과 같은 두 가지 상황에 맞닥뜨렸을 때 죄와 싸우고, 그 싸움을 통해 자신이 죄를 이겼다고 쉽게 착각한다.

첫 번째 상황은 자신 안에 있는 죄를 보고 극도의 슬픔을 느끼고 마음의 평화가 깨지며 양심의 가책을 느낀 사람이 그 죄로 인하여 하나님의 분노를 사지 않을까 염려하게 되는 경우이다. 이런 경우가 되면 그는 자신을 일깨우고 죄와 자신에 대해 혐오감을 갖게 된다. 그래서 하나님께 나아가 생명을 위해 울부짖는다. 또한 자신의 정욕을 증오하고 그것과 싸우려는 자세를 취한다. 이처럼 사람이 깨어 있을 때 죄는 고개를 숙이고 마치 죽은 것처럼 나타나지 않는다.

고린도교회의 죄상을 보면 그들이 처음에 얼마나 일치단결해서 죄를 무너뜨리려고 했는지를 알 수 있다. "보라. 하나님의 뜻대로 하게 된 이 근심이 너희로 얼마나 간절하게 하며, 얼마나 변증하게 하며, 얼마나 분하게 하며, 얼마나 두렵게 하며, 얼마나 사모하게 하며, 얼마나 열심 있게 하며, 얼마나 벌하게 하였는가. 너희가 그 일에 대하여 일체 너희 자신의 깨끗함을 나타내었느니라"(고후 7:11). 우리도 이와 같다. 정욕이 틈새를 통해 양심에 침범해 죄를 짓도록 유혹할 때 우리는 죄를 물리치려고 분노와 두려움, 그리고 세심함을 갖고 죄에 대항한다. 그러면 죄는 잠시 몸을 낮춰 자취를 감춘다. 하지만 야단법석이 사라지고 검문이 느슨해지면 이 도둑 같은 죄는 다시 살아나서 이전처럼 활동을 개시한다.

두 번째 상황은 재난과 고통의 압박, 그리고 심판을 받는 상황이 올 때 그런 현재의 고통과 두려움, 그리고 위기에서 벗어나려고 몸부림치는 경우이다. 이때 당사자는 자신의 죄를 자각하고 고통에서 벗어나기 위해 죄를 버려야 한다고 생각한다. 그런 행동을 한다면 자신이 하나님과 다시 화평할 수 있다는 계산이다. 죄 지은 사람은 하나님의 분노로 벌받는 일을 가장 두려워한다. 그래서 그 분노를 피하기 위해 죄에 대항하기로 결심한다. 그는 더 이상 죄가 자신 안에 발을 내딛지 못하도록 할 것이며, 자신이 더는 죄에 종속되지 않을 것이라고 다짐한다. 이때 죄는 전혀 움직이지 않고 죽은 것처럼 행동한다. 하지만 그렇다고 죄가 타격을 받은 것은 아니다. 그 영혼이 죄와 대적하려고 하기 때문에 죄의 도구로 사용되었던 그의 기능들이 일시적으로 다시 회복된 것뿐이다. 그러므로 앞의 다짐이 사라지게 되면 죄는 다시 등장하여 이전의 활력을 되찾을 것이다.

시편 78편 32~37절에서 언급한 사람들이 바로 이런 사람들이다. "이러함에도 그들은 여전히 범죄하여 그의 기이한 일들을 믿지 아니하였으므로 하나님이 그들의 날들을 헛되이 보내게 하시며 그들의 햇수를 두려움으로 보내게 하셨도다. 하나님이 그들을 죽이실 때에 그들이 그에게 구하며 돌이켜 하나님을 간절히 찾았고 하나님이 그들의 반석이시며 지존하신 하나님이 그들의 구속자이심을 기억하였도다. 그러나 그들이 입으로 그에게 아첨하며 자기 혀로 그에게 거짓을 말하였으니 이는 하나님께 향하는 그들의 마음이 정함이 없으며 그의 언약에 성실하지 아니하였음이로다."

확실히 시편 78편의 이들은 처음 하나님을 구하고 하나님께 돌아왔을 때 진실한 마음으로 죄를 죽이려고 했을 것이다. 이것은 '돌이켜'라는 말에서 잘 알 수 있다. 주님께로 돌아간다는 말은 죄를 포기한다는 뜻이다. 처음에 그들은 열심과 성의를 다해 주님께 돌아가려고 했다. 하지만 그런 열심에도 불구하고 그들의 죄는 죽지 않았다(시 78:36-37). 고통 가운데에서도 그들의 수치스런 모습은 계속 남아 있었던 것이다. 마찬가지로 성도의 마음속에는 이와 같은 거짓됨이 도사리고 있다. 결국 가련한 영혼들은 자신을 계속 속이고 있다. 그래서 자기 속에 죄가 강력하게 살아 있고, 틈만 나면 자신을 괴롭히는 상황에서도 그들은 스스로 죄의 정욕을 죽였다고 착각하며 사는 것이다.

John Owen
Mortifications of Sin

[Chapter 6]

먼저 죄를 죽이기 위한 지침을 알라

• • • • •

지침 1. 타락한 죄의 습관을 무력화시키라
지침 2. 매 순간 죄의 힘을 억제하라
지침 3. 죄의 정욕과 싸워 승리하라

* * * * *

사랑하는 자들아 거류민과 나그네 같은 너희를 권하노니 영혼을 거슬러 싸우는 육체의 정욕을 제어하라. 베드로전서 2:11.

먼저 지침이란 생활이나 행동 따위의 지도적 방법이나 방향을 인도해주는 준칙을 말한다. 즉 가장 기본이 되는 행위의 원칙이라 할 수 있다. 그렇다면 일반적으로 죄를 죽이는 삶을 위한 지침은 무엇인가? 결론적으로 죄를 죽이기 위한 지침은 다음 세 가지로 설명할 수 있다.

지침 1. 타락한 죄의 습관을 무력화시키라

정욕은 계속하여 마음속에서 악을 행하도록 만드는 타락한 습성, 또는 습관이다. 또한 성경은 진정으로 죄의 생각을 죽인 사람은 아무도 없다고 말한다. "그의 마음으로 생각하는 모든 계획이 항상 악할 뿐임을 보시고"(창 6:5). 사람은 항상 죄를 짓고자 하는 강한 성향에 사로잡혀 있다. 또한 항상 한 가지 정욕만을 추구하지 않는다. 왜냐하면 그 안에 여러 가지 다양한 정욕이 있기 때문이다. 그래서 죄는 다양한 형태를 띤다. 하지만 결국 그 모든 것은 자아 만족을 지향한다.

우리가 죽여야 하는 정욕과 영적인 병은 강력하고 뿌리 깊은 습관으로서 우리 의지와 감정을 움직여 실제로 죄를 짓도록 만든다(여기서 죄는 우리가 생각하는 그런 형태로 나타나지 않을 수도 있다). 그리고 항상 우리로 하여금 죄의 대상을 생각하게 한다. 따라서 사람의 마음은 항상 악을 품고 있고, 정신은 악을 향해 기울어져 있으며, 끊임없이 육체에게 자양분을 제공한다.

타락한 죄의 습관은 다른 천성적인 습관이나 도덕적인 습관과는 다르다. 그 차이는 여러 부분에서 나타난다. 특별히 천성적인 습관은 영혼으로 하여금 부드럽게 자신이 원하는 바를 행하도록 유도하는 반면, 죄의 습관은 폭력과 충동을 통해 영혼에게 강요한다는 데서 큰 차이가 있다. 그래서 육체의 정욕은 영혼을 거슬러 싸운다(벧전 2:11). 그리고 그 싸움에서 인간의 영혼을 포로로 사로잡는 데 성공한다. 즉 폭력과 충동을 통해 죄의 목적을 이루는 것이다.

로마서 7장에서 육체의 정욕에 대한 설명을 통해 우리는 죄가 불처럼 우리 영혼을 사로잡기 위해 어떻게 우리 생각을 어둡게 하고, 죄에 대한 자각을 무력화시키며, 이성을 포함해서 죄에 대항하는 모든 요소를 방해하는지 깨닫게 된다. 그러나 육체의 정욕의 활동에 대한 담론을 계속하는 것은 이 책의 의도가 아니다. 단지 여기서 얘기하고자 하는 것은 죄를 죽이기 위해서는 먼저 이러한 죄의 습관을 약화시켜야 한다는 점이다. 즉 폭정과 빈번한 압박을 통해 우리를 속이고 혼란시키며, 자극하고 유혹하여 영혼에 평지풍파를 일으키는 죄를 막아야 한다는 것이다(약 1:14-15).

여기서 잠시 주의할 점이 있다. 모든 정욕이 균등하게, 그리고 보편적으로 우리로 하여금 죄를 짓도록 강요하고 유혹하지만, 때때로 특정 정욕이 다른 정욕보다 두드러지게 나타낼 수도 있다는 사실이다. 구체적으로 그런 경우는 다음의 두 가지 경우이다.

첫 번째는 어떤 사람에게 있는 특정 정욕이 우연히 계속하여 활력을 얻고 힘을 얻어 다른 정욕보다 더 두드러지게 나타나고, 또한 다른 사람들에게 발휘되는 것보다 그 사람에게 훨씬 더 큰 활력과 생기로 영향을 미치는 경우이다. 어떤 정욕이 당사자의 기질과 삶의 방식과 잘 맞거나 사탄이 그 정욕의 핸들을 쥐고 조종할 때, 그 정욕은 다른 정욕들보다 훨씬 더 큰 폭력적인 힘을 발휘한다. 그리고 동일한 정욕이 다른 사람들에게 하는 것 이상으로 더 격렬하게 그에게 역사한다. 그 결과 정욕의 물줄기는 그 사람의 생각을 어둡게 만들고, 그가 이전에 가졌던 지식은 그의 의지에 아무런 쓸모도 없게 된다. 대신 타락한 감정과 열정만이 죄로 인해 고삐가 풀린 채 분출되게 된다. 특별히 정욕은 유혹을 통해 힘을 얻는다. 그래서 적당한 유혹이 정욕과 합세하게 되면 정욕은 새로운 힘과 활력을 얻어 이전과 달리 더욱 폭력적으로 광포하게 날뛰게 된다.

두 번째는 일반적인 견지에서 어떤 정욕이 다른 정욕에 비해 상대적으로 더 폭력적인 경우이다. 사도 바울은 정결하지 못한 음행을 그 밖의 다른 죄들과 구별하여 따로 명시했다. "음행을 피하라. 사람이 범하는 죄마다 몸 밖에 있거니와 음행하는 자는 자기 몸에 죄를 범하느니라"(고전 6:18). 여기서 음행의 죄는 다른 어떤 죄보다 더 쉽게 분별할 수 있다. 세상을 사랑하는 죄도 이것 못지않게 위력적인 죄의 습관이지만 그런 것들은 음행처럼 사람들에게 전인적인 해를 끼치지는 않는다.

세상 사람들이 보기에 죄를 이긴 것처럼 보이는 사람들이 있을 수 있다. 그리고 당사자들 역시 그렇게 생각할 수도 있다. 하지만 죄의 혼란스런 선동 때문에 괴로워하는 사람들과 마찬가지로 그들 안에도 죄가 널리 퍼져 있다. 실로 이런 사람들은 겉으로 죄를 짓지 않는 것처럼 보이지만 정욕에 이끌려 수치스런 죄를 지은 사람과 진배없다. 단지, 정욕의 대상이 그들 안에 그런 소란을 일으키지 않는 것뿐이다. 이것은 그들이 정욕의 대상을 다른 사람들보다 더 침착하게 다루고, 기질상 그것에 대해 겉으로 호들갑을 떨지 않기 때문이다.

따라서 죄를 죽이기 위해 첫 번째 할 일은 이런 습관을 약화시키고 죄의 습관이 전처럼 우리에게 강요하거나 소동을 일으키지 못하도록 막는 일이다. 그리고 그것이 더는 우리를 유혹하고 우리 마음속의 평화를 빼앗지 못하도록 죄의 활력과 기운을 죽이는 일이다. 성경은 이런 행위를 "육체와 함께 그 정욕과 탐심을 십자가에 못 박았느니라"(갈 5:24)고 말한다. 이것이 바로 죄에게 힘을 공급하는 습관과 정신을 차단하는 행동이며, 날마다 우리가 우리의 죽을 몸을 제거해야 한다는 말의 의미이다(고후 4:16).

사람이 십자가에 못 박히게 되면 처음에는 고통 속에서 온 힘을 다해 절규하게 된다. 그러다가 그의 피와 정신이 쇠하게 되면 그는 기운을 잃고 희미해진다. 그리고 그의 울부짖음도 잠잠해져 쉰 소리를 내고 거의 들리지 않게 된다. 이와 마찬가지로 사람이 죄를 죽이려고 할 때 죄는 더욱 폭력을 휘두르며 발광하게 된다. 그리고 자신의 정욕을 만족시키기 위해 울부짖는다. 그러나 우리가 그런 죄를 계속 죽이게 되면 죄의 정신은 소진되고 무기력하게 된다. 그래서 그 울부짖음도 거의 들리지 않게 된다. 때때로 죄가 죽을힘을 다해 발악하며 나타날 수도 있다. 하지만 우리가 계속해서 그 죄를 제지한다면 그것은 곧 소멸되고 말 것이다.

사도 바울은 로마서 6장 전체에서, 그리고 특별히 6절에서 이 점을 잘 묘사하고 있다. "우리가 알거니와 우리의 옛사람이 예수와 함께 십자가에 못 박힌 것은 죄의 몸이 죽어 다시는 우리가 죄에게 종노릇 하지 아니하려 함이니." 바울에 의하면 죄는 이미 십자가에 못 박혀져 있다. 그 이유는 무엇인가? 죽을 몸을 없애고 죄의 힘을 약화시켜 그 위력을 조금씩 말소시키기 위함이다. 그 결과 다시는 우리가 죄에게 종노릇하지 않도록 하는 데 그 목적이 있다. 이것은 죄가 이전처럼 우리로 하여금 죄의 노예가 되도록 부추기고 강요하지 못하게 한다는 의미이다. 여기서 죄는 단순한 육적인 감정, 세상적인 욕구나 육체의 정욕, 안목의 정욕, 이생의 자랑 등을 의미할 뿐만 아니라 천성적으로 하나님을 대적하는 생각과 뜻도 포함된다. 우리 안에서 평화를 깨뜨리는 죄와 악을 부추기는 행동, 그리고 선을 행하지 못하도록 방해하는 모든 요소가 이에 해당된다.

   이러한 죄들을 우리가 십자가에 효과적으로 못 박지 못한다면 앞에서 말한 그런 목적은 실현될 수 없다. 결국 우리는 악한 나무에서 쓴 열매들을 일시적으로 물리칠 수는 있지만 곧 지치고 만다. 죄의 뿌리가 계속 힘과 활력을 갖고 남아 있다면 그것을 물리친다 할지라도 죄의 열매는 더욱 자라게 될 것이다. 슬프게도 이와 같은 오류를 우리는 계속 범하고 있다. 우리는 열정적으로, 그리고 열심히 죄의 분출과 대항해서 싸운다. 하지만 죄의 원리와 뿌리에 무관심한 탓에 죄를 죽이는 우리의 노력에는 별 진전이 없다.

지침 2. 매 순간
죄의 힘을 억제하라

   죄를 죽이기 위해서는 항상 죄의 힘을 억제할 수 있어야 한다. 죄가 강력하고 원기왕성하면 우리 영혼은 죄에 대항하기 어렵게 된다. 그래서 우리 영혼은 다윗처럼 한숨 쉬며 신음하게 된다. 그리고 죄를 추적해서 물리치려는 의지를 상실하게 된다. 다윗은 시편 40편 12절에서 "나의 죄악이 나를 덮치므로 우러러 볼 수도 없으며"라고 고백한다. 실로 다윗은 죄 앞에서 너무나 무력했다. 우리는 다윗처럼 무기력해지지 않기 위해서 죄에 맞서서 싸워야 한다. 힘든 투쟁을 벌여야 한다. 그렇다면 우리가 죄의 힘과 싸우기 위해서 꼭 필요한 요소들은 무엇인가?

먼저, 우리는 자신이 싸워야 하는 적이 누구인지를 알아야 한다. 실로 무엇보다 적을 주목하고 모든 수단과 방법을 동원해 적을 멸하지 않으면 안 된다는 인식이 있어야 한다. 앞에서 말한 것처럼 이 싸움은 격렬하며 위험한 투쟁이다. 참으로 이것은 영원과 관련된 아주 중요한 싸움이다. 일단 사람이 자신의 육체적 정욕을 심각하게 고민한다는 자체는 정욕을 죽이기 위해 첫걸음을 내딛는 행위이다. 이것은 또한 사람이 자기 마음의 재앙을 깨닫는 행위이다. "한 사람이나 혹 주의 온 백성 이스라엘이 다 각각 자기의 마음에 재앙을 깨닫고 이 성전을 향하여 손을 펴고 무슨 기도나 무슨 간구를 하거든"(왕상 8:38). 이와 같은 행위가 없다면 절대 죄를 죽일 수 없다. 하지만 두렵게도 많은 사람이 자신의 주적을 잘 알지 못한다. 그 결과 자신을 쉽게 합리화시키고 자신이 처한 위험을 모른 채 타인의 충고나 징계를 받아들이지 않는다.

둘째, 죄와 싸우기 위해서는 먼저 죄가 취하는 방법과 계책을 알고, 죄에게 유리한 상황이 무엇인지를 깨달아야 한다. 세상에서 적과 싸울 때에도 마찬가지다. 전쟁터에서 장수는 싸우기 전에 먼저 적군의 전술과 전략을 파악하고, 적군이 전에 어떤 방식으로 싸움에서 이겼는지 연구해야 한다. 이것이 바로 지혜이다. 만약 이런 행동이 없다면 싸움은 엉망이 될 것이다. 정욕과 싸워서 그것을 죽이고

자 하는 사람에게도 이와 같은 행동이 꼭 필요하다. 죄가 활동하며 마음을 혼란시키고 유혹할 때뿐만 아니라 죄가 뒤로 물러설 때에도 우리는 다음과 같은 사실을 고려해야 한다.

즉 우리 싸움의 대상은 죄이며, 죄는 항상 같은 방식으로 상황을 유리하게 이끌어 승리하기 때문에 그것을 막지 않는다면 죄는 계속 나타나게 될 것이라는 사실이다. 그래서 다윗은 "내 죄가 항상 내 앞에 있나이다"(시 51:3)라고 고백했다. 실로 가장 실제적인 영적 지혜는 마음속에 거하는 죄의 계책과 미묘함, 그리고 그 깊이를 알아내는 일이다. 즉 죄의 가장 큰 힘이 어디서 나오는지, 그것이 상황과 기회를 이용해 어떻게 유혹하는지, 그것의 논리와 핑계는 무엇인지, 그리고 그것의 전략은 무엇인지를 간파해야 하는 것이다. 또한 성령의 지혜를 통해 옛사람의 계교를 물리치고, 간교한 뱀의 움직임을 하나하나 추적하는 것이다. 그래서 죄의 비밀스런 움직임을 분별하고 죄를 향해서 "너는 항상 이런 식으로 해왔다. 나는 네가 바라는 목표가 무엇인지 안다"라고 단호히 말할 수 있어야 한다. 그리고 항상 임전태세를 잃지 말아야 한다. 이것이 우리 싸움의 성공 열쇠이다.

셋째, 우리는 죄를 향해 필살의 일격을 가할 수 있는 무기로 항상 무장해야 한다. 이것이 죄와의 싸움에서 가장 큰 핵심이다. 이렇게 무장한 사람은 죄가 잠잠할 때에도 죄가 죽었다고 생각하지 않는다. 대신 죄에 대해 새로운 일격을 가하기 위해 계속 노력한다. 사도 바울이 바로 그런 예였다. "그러므로 땅에 있는 지체를 죽이라. 곧 음란과 부정과 사욕과 악한 정욕과 탐심이니 탐심은 우상 숭배니라"

(골 3:5). 만약 당신의 영혼이 이와 같은 자세로 죄와 싸우고 있다면 당신은 확실히 이 싸움에서 유리한 고지를 선점한 셈이다. 그래서 결국 죄는 공격을 받아 죽어가게 될 것이다.

지침 3. 죄의 정욕과 싸워 승리하라

육체적 정욕과 빈번히 싸워 승리하는 모습은 죄를 죽이는 삶의 증거이다. 여기서 승리라는 말은 단순히 죄가 더는 앞으로 나아가지 못하도록 패퇴시킨다는 의미가 아니다. 그보다는 도망가는 죄를 추적해서 완전히 쳐부순다는 뜻이다. 예를 들어 죄가 활동해서 우리를 유혹하고 육체의 정욕을 채우도록 육신적인 생각을 부추길 때, 즉시 우리 마음이 그것을 깨닫고 그 죄를 하나님과 그리스도의 사랑의 법 앞으로 끌어내어 정죄한 다음, 끝까지 따라가 멸하는 것이다.

이러한 상태에 이른 사람은 정욕을 그 원리와 뿌리까지 약화시킬 수 있다. 그래서 죄의 활동과 움직임은 전보다 훨씬 수그러들게 되고, 그 사람의 신앙과 영혼의 평안을 방해하지 못하게 된다. 이런 사람은 고요한 정신의 틀에서 자신 안에 있는 죄를 발견하고 싸우기 때문에 죄를 상당히 죽일 수 있고, 간헐적으로 죄의 저항이 있을지라도 그는 항상 하나님 안에서 평안을 누릴 수 있게 된다.

이상의 것을 종합하면, 우리의 타락한 품성을 부추기는 죄를 죽이는 일은 다음과 같은 말로 요약할 수 있다.

첫째, 죄를 죽이는 삶의 핵심은 우리를 유혹해서 죄를 짓도록 강요하고 하나님을 대적하도록 만드는 죄성을 무력화시키는 데 있다. 구체적으로 말하면 죄와 직접 대항해서 그것을 파괴시키는 은혜의 원리를 마음의 습관으로 간직하고, 그것을 통해 죄를 약화시키는 것이다. 그러므로 우리는 교만을 겸손의 마음으로 물리치고, 흥분을 인내로, 불결함을 청결한 마음과 양심으로 누그러뜨려야 한다. 또한 세상에 대한 욕구를 천국에 대한 생각으로 무력화시켜야 한다. 이러한 은혜의 원리는 성령의 은혜로써 성령을 통해 역사하는 습관적인 은혜이다.

둘째, 성령 또는 우리 안의 새사람은 모든 방법을 동원해 기민함과 활력을 갖고 죄와 대항해서 기쁘게 싸운다. 그러므로 죄의 활동을 억제하기 위해 우리에게 제공된 이러한 자원을 계속해서 활용하는 일이 중요하다.

셋째, 바로 앞에서 말한 그 두 가지 사실로 인해 우리는 어떤 상황에서도 죄를 이길 수 있다. 우리 안에 타락한 성품은 난공불락처럼 극복할 수 없는 그런 것이 아니며, 보편적 의미에서 이미 정복된 것이기 때문에 우리 영혼은 죄의 저항을 어느 때보다 더 잘 분별할 수 있게 되었다. 그러므로 비록 죄가 나타날지라도 적어도 은혜의 언약으로 인해 그 죄는 우리 양심에 있는 평화를 완전히 깨뜨리지는 못한다.

John Owen
Mortifications of Sin

[Chapter 7]

죄를 죽이기 위한 원리를 터득하라

· · · · ·

성령을 소유한 자만이 죄를 죽일 수 있다
죄를 죽이는 일은 중생과 관련 있다
원리 1. 그리스도께 먼저 관심을 가지라
원리 2. 모든 영역에서 항상 순종하라

✻ ✻ ✻ ✻ ✻

너희가 육신대로 살면 반드시 죽을 것이로되 영으로써 몸의 행실을 죽이면 살리니. 로마서 8:13.

이제 사탄이 우리 영혼을 약화시키기 위해 사용하는 구체적인 죄악을 어떻게 죽일 수 있는지 그 방법에 대해 생각할 때가 왔다. 하지만 이 논의에 앞서 이 일을 위한 원리와 토대에 대한 이해가 먼저 필요하다. 이러한 이해가 없다면 아무리 우리가 죄를 자각하고 죄를 죽이겠다고 결심할지라도 절대 성공할 수 없다.

죄를 죽이기 위한 필수불가결한 일반적 규칙과 원리는 그리스도에게 진실로 접붙임을 받지 않는 한 절대 어떤 죄도 죽일 수 없다는 사실이다. 사람이 자신을 성도라고 생각할 수 있다. 하지만 문제는 그가 과연 진정한 성도인가 하는 점이다. 죄를 이기는 일은 오직 성도만이 할 수 있다. "너희가 육신대로 살면 반드시 죽을 것이로되 영으로써 몸의 행실을 죽이면 살리니"(롬 8:13). 이와 같은 영을 가진 성도에게는 결코 정죄함이 없다(롬 8:1).

　성경이 죄를 죽이라고 말할 때 그 대상은 오직 성도뿐이다. "그러므로 땅에 있는 지체를 죽이라"(골 3:5). 이 구절에서 죄를 죽이는 사람은 누구인가? 그것은 바로 그리스도와 함께 다시 살리심을 받은 성도들이다. "그러므로 너희가 그리스도와 함께 다시 살리심을 받았으면 위의 것을 찾으라. 거기는 그리스도께서 하나님 우편에 앉아 계시느니라"(골 3:1). 그리고 하나님 안에서 그리스도와 함께 감추어진 자들이다. "이는 너희가 죽었고 너희 생명이 그리스도와 함께 하나님 안에 감추어졌음이라"(골 3:3). 또한 이들은 그리스도와 함께 영광 중에 나타날 사람들이다. "우리 생명이신 그리스도께서 나타나실 그때에 너희도 그와 함께 영광 중에 나타나리라"(골 3:4). 중생하지 못한 사람도 죄 죽이는 일을 흉내 낼 수는 있다. 하지만 하나님이 인정하시는 방법대로 그 일을 수행하기란 거의 불가능하다.

　당신은 세네카, 툴리우스, 에픽테토스 등과 같은 몇몇 철학자들이 어떻게 죄를 죽이려고 했는지 알 것이다. 그들은 열정적인 담론으로 세상과 자아를 성토했다. 그리고 인간의 부당한 감정과 흥분을 자제하고 극복하는 방법을 논의했다. 하지만 종이에 그린 태양과 실제 태양이 서로 다른 것처럼 그들의 삶과 그들의 말은 서로 크게 달랐다. 그들에게는 진정한 열정이나 빛이 없었다. 그들의 이중적인 태도는 결국 그들이 어떤 위인인지를 잘 보여준다. 실로 그리스도의 십자가 외에는 죄를 죽일 수 있는 다른 길은 없다.

　당신은 로마 가톨릭 신봉자들이 서약, 고행, 사죄의 행동 등을 통해서 죄를 죽이기 위해 얼마나 노력했는지 알 것이다. 그들에 대해서(여기서 그들은 로마 가톨릭에서 가르치는 원리에 따라 행동하는 사람들을 총칭한다) 사도 바울이 의와 관련해 이스라엘에게 말한 것을 그대로 적용할 수 있다. "의의 법을 따라간 이스라엘은 율법에 이르지 못하였으니 어찌 그러하냐. 이는 그들이 믿음을 의지하지 않고 행위를 의지함이라. 부딪칠 돌에 부딪쳤느니라"(롬 9:31-32). 처음에 그들은 죄를 죽이는 삶을 추구했다. 하지만 그 목표에 도달하지 못했다. 그 이유는 무엇인가? 그들이 믿음에 의지하지 않고 의의 법을 좇아갔기 때문이다. 이것은 죄를 자각했지만 스스로 죄를 포기하려고 했던 사람들의 마지막 모습이다. 이런 사람들은 죄를 죽이려고 좇아가지만 그 목적을 이루지 못한다.

율법이든 복음이든 일단 그것을 들은 사람은 죄를 죽여야 할 의무가 있다. 하지만 죄를 죽이는 일이 제일 먼저 수행해야 할 의무는 아니다. 그는 하나님의 순서에 따라 자신의 의무를 충실히 수행해야 한다. 만약 당신이 종에게 은행에 가서 돈을 찾아 어떤 사람에게 빌린 돈을 갚으라고 한다면 채권자에게 돈을 갚는 일은 확실히 그 종의 의무가 된다. 이때 만약 종이 당신의 명령을 따르지 않는다면 당신은 그 종을 꾸짖을 것이다. 하지만 여기서 돈을 갚으라는 명령은 종이 제일 먼저 해야 될 의무가 아니다. 종은 주인의 지시에 따라 먼저 은행에 가서 돈을 찾아야 한다. 죄를 죽이는 의무도 마찬가지다. 죄는 반드시 죽여야 한다. 하지만 죄를 죽이기에 앞서 우리에게는 하나님의 순서에 따라 먼저 해야 할 다른 의무가 있다.

성령을 소유한 자만이
죄를 죽일 수 있다

나는 앞에서 죄를 죽일 수 있는 길은 오직 성령뿐이라고 말했다. 성령만이 약속을 통해 그 일을 수행하시기 위해 우리에게 오신 분이다. 그러므로 성령을 제외한 모든 방법은 헛수고이다. 따라서 성령을 소유하지 않은 사람이 죄를 죽인다는 것은 어불성설이다. 차라리 장님이 보고, 벙어리가 말하는 게 성령 없이 죄를 죽이는 일보다 훨씬 더 쉬울 것이다.

사람이 죄를 죽일 수 있는 방법은 오직 그리스도의 영을 통해서만 가능하다. 바울이 말한 것처럼 그리스도의 영이 없으면 그리스도의 사람이 아니다. "만일 너희 속에 하나님의 영이 거하시면 너희가 육신에 있지 아니하고 영에 있나니 누구든지 그리스도의 영이 없으면 그리스도의 사람이 아니라"(롬 8:9). 그리스도의 사람으로 그분에게 관심을 갖는 자는 성령을 소유한 자이다. 그런 자만이 죄를 죽일 수 있는 힘을 얻는다. 이 점에 대해서 바울은 이렇게 말한다. "육신에 있는 자들은 하나님을 기쁘시게 할 수 없느니라"(롬 8:8).

이 말은 그가 앞서서 인간의 천성적인 상태를 논한 후 결론으로 하나님과 그분의 법에 대항할 때 어떤 결과가 오는지를 묘사한 말이다. 실로 우리가 육신에 있고, 그래서 성령을 소유하지 않는다면 우리는 하나님을 기쁘시게 할 수 없다. "육신을 따르는 자는 육신의 일을, 영을 따르는 자는 영의 일을 생각하나니 육신의 생각은 사망이요 영의 생각은 생명과 평안이니라. 육신의 생각은 하나님과 원수가 되나니 이는 하나님의 법에 굴복하지 아니할 뿐 아니라 할 수도 없음이라"(롬 8:5-7).

타락한 상태에서 우리가 구원 받을 수 있는 길은 무엇인가? 그것은 "만일 너희 속에 하나님의 영이 거하시면 너희가 육신에 있지 아니하고 영에 있나니"(롬 8:9)라는 말씀에서 찾을 수 있다. 즉 그리스도의 영을 가진 사람만이 육신에서 해방될 수 있다. 그러므로 육신의 상태에서 벗어나기 위해서는 그리스도의 영을 소유해야 한다. 그렇다면 그리스도의 영이 당신 안에 있다면 어떤 변화가 일어나는가? 물론 여전히 당신의 몸은 "죄로 말미암아 죽은"(롬 8:10) 상태에 놓이게 된다. 하지만 죄를 죽이는 삶을 계속 수행하면 새로운 속사람이 의를 위해 살아나게 된다. 바울은 이 진리를 성령으로 그리스도와 하나되는 연합 교리로 설명한다. "예수를 죽은 자 가운데서 살리신 이의 영이 너희 안에 거하시면 그리스도 예수를 죽은 자 가운데서 살리신 이가 너희 안에 거하시는 그의 영으로 말미암아 너희 죽을 몸도 살리시리라"(롬 8:11). 이 연합을 통해 그분에게 이루어졌던 역사가 우리 안에서 그대로 나타나게 된다. 결론적으로 그리스도에 대해 관심 없는 사람이 정욕을 죽일 수 있다고 생각하는 것은 헛된 망상일 뿐이다.

죄로 인해 고통(이 고통은 말씀 선포를 통해 죄를 자각하도록 만드는 그리스도의 화살로써 사람들의 마음을 예리하게 찌른다)을 느낄 때 사람들은 자신의 양심에 혼란을 일으키는 그런 것들과 싸우기 위해 대항한다. 하지만 그들의 대항은 연단의 불덩이 속에서 모두

타버려서 나중에는 없어지고 만다.

  죄를 죽이기 위해서 성령은 금을 연단하는 자의 불과 표백하는 자의 잿물이 되어 우리를 금과 은 같이 연단하신다. "그가 임하시는 날을 누가 능히 당하며 그가 나타나는 때에 누가 능히 서리요. 그는 금을 연단하는 자의 불과 표백하는 자의 잿물과 같을 것이라. 그가 은을 연단하여 깨끗하게 하는 자 같이 앉아서 레위 자손을 깨끗하게 하되 금, 은 같이 그들을 연단하리니 그들이 공의로운 제물을 나 여호와께 바칠 것이라"(말 3:2-3). 그렇게 해서 성령은 '찌꺼기와 혼잡물'(사 1:25), 그리고 '더러움과 피'(사 4:4)를 제거하신다. 하지만 성령의 사역이 효과를 거두기 위해서는 그 사람의 기본 바탕에 금과 은의 요소가 있어야 한다. 그렇지 않으면 성령의 연단은 괜한 헛수고가 될 것이다.

  예레미야 선지자는 악인들이 하나님이 허락하신 방법으로 죄를 죽이려 했지만 그들의 노력이 결국 헛수고로 돌아간 슬픈 사실을 이렇게 말한다. "풀무불을 맹렬히 불면 그 불에 납이 살라져서 단련하는 자의 일이 헛되게 되느니라. 이와 같이 악한 자가 제거되지 아니하나니 사람들이 그들을 내버린 은이라 부르게 될 것은 여호와께서 그들을 버렸음이라"(렘 6:29-30). 그 이유는 무엇인가? 그들이 은이 아닌 놋과 철인 상태에서 용광로 속으로 들어갔기 때문이다. "그들은 다 심히 반역한 자며 비방하며 돌아다니는 자며 그들은 놋과 철이며 다 사악한 자라"(렘 6:28).

죄를 죽이는 일은 중생과 관련 있다

그러므로 죄를 죽이는 일은 기본적으로 중생하지 않은 사람에게는 불가능한 일이다. 실로 하나님은 중생하지 않은 사람에게는 처음부터 죄를 죽이라고 요구하지 않으신다. 그들이 먼저 해야 할 일은 회심이다. 즉 전 영혼의 회심이지 특정한 정욕을 죽이는 일이 아니다. 어떤 사람이 외형상 드러나는 거대한 건물만 쌓고 그 토대에는 신경을 쓰지 않는다면 당신은 그 사람을 비웃을 것이다. 특별히 그런 건축물이 하루아침에 무너지는 경우가 수없이 반복되었음에도 계속해서 그 어리석은 짓을 멈추지 않는 사람을 보면 당신은 더욱 비웃을 것이다. 중생하지 않은 사람들이 죄를 자각할 때 바로 이러한 일이 벌어진다. 그들은 죄에 대항해서 자신이 구축한 노력이 다음 날 허무하게 무너지는 광경을 수없이 목격하게 된다. 그럼에도 그 결함이 어디에 있는지 찾아보지도 않고 계속 그런 일을 반복한다.

유대인들은 사도들의 말을 듣고 자신의 죄를 자각했을 때 마음에 찔림을 받았다(행 2:37). 그래서 "형제들아, 우리가 어찌할꼬"라고 울부짖었다. 이때 베드로가 그들에게 내린 지침은 무엇이었는가? 베드로는 그들에게 교만, 분노, 악의, 잔인함 등과 같은 죄를 죽이라고 말했는가? 아니다. 베드로는 죄를 죽이는 일이 지금 당장 그들의 할 일이 아님을 알았다. 대신 베드로는 그들에게 회개하고 그리스도를 믿으라고 말했다. "베드로가 이르되 너희가 회개하여 각각 예수 그리스도의 이름으로 세례를 받고 죄 사함을 받으라. 그리하면 성령의 선물을 받으리니"(행 2:38). 왜냐하면 그들의 영혼이 먼저 완전히 변화되어 자신들이 찌른 주님을 진정으로 바라볼 때 비로소 그들이 낮아져서 죄를 죽일 수 있기 때문이다.

세례 요한은 회개와 회심을 가르칠 때 "도끼가 나무뿌리에 놓였으니"라고 말했다(마 3:10). 당시 바리새인들은 사람들에게 무거운 짐을 지우고, 금식이나 정결법 등과 같이 죄를 죽이기 위한 지루한 의무와 엄격한 규율을 강요했다. 하지만 이 모든 것은 헛된 일이었다. 이런 상황에서 세례 요한의 말은 도끼가 나무뿌리에 놓여 있으니 좋은 열매를 맺기 위해서는 회개해야 한다는 뜻이었다.

같은 맥락에서 예수님은 우리가 해야 할 바를 이렇게 말씀하셨다. "그들의 열매로 그들을 알지니 가시나무에서 포도를 또는 엉겅퀴에서 무화과를 따겠느냐"(마 7:16). 우리가 엉겅퀴를 돌보기 위해 그것의 가지를 친다고 가정해보자. 하지만 그렇게 할지라도 엉겅퀴에서 무화과 열매를 기대할 수 없는 노릇이다. "이와 같이 좋은 나무마다 아름다운 열매를 맺고 못된 나무가 나쁜 열매를 맺나니 좋은 나무가 나쁜 열매를 맺을 수 없고 못된 나무가 아름다운 열매를 맺을 수 없느니라"(마 7:17-18). 모든 나무는 종류대로 열매를 맺는 게 진리이다. 그렇다면 우리가 해야 할 일은 무엇인가? 이에 대해 우리 주님은 이렇게 말씀하신다. "나무도 좋고 열매도 좋다 하든지" 하라(마 12:33). 즉 뿌리부터 좋은 나무의 품종으로 바꾸는 작업이 필요하다는 뜻이다. 그렇지 않으면 절대 좋은 열매를 맺을 수 없다는 것이다.

결국 나의 요점은 중생하지 않은 사람, 성도가 아닌 사람은 아무리 그럴 듯한 노력으로 죄를 죽이려고 하고, 온갖 방법을 동원해서 열심과 열정, 그리고 세심함으로 마음과 생각에 대항해서 싸울지라도 결국 그 목적을 성취할 수 없다는 것이다. 그의 처방책은 헛된 노력이기에 그는 치료받을 수 없다. 그렇다면 단순히 죄를 자각해서 죄를 죽이려고 할 때 그의 노력이 신기루에 그치게 되는 이유는 무엇 때문인가?

중생을 위해 하나님께로 나아가라.

마음과 영혼이 가장 먼저 해야 할 일은 하지 않고 당장 할 필요가 없는 일에 집착하기 때문이다. 하나님은 말씀과 심판을 통해 사람에게 죄의식을 심어주신다. 그래서 사람의 양심에 찔림을 주고 그의 마음을 뒤흔들어 불안하게 하신다. 이때 사람은 다른 일에 신경 쓰지 말고 자기 앞에 주어진 일에 전적으로 매달려야 한다. 즉 자신이 처한 죄의 상태를 자각해서 하나님께로 더욱 나아가야 한다. 이렇게 해야 됨에도 불구하고 사람들은 엉뚱하게 자신을 괴롭히는 죄악들을 스스로 발본하기 위해 힘을 쏟는다. 이것은 자기 사랑의 발로로, 스스로 죄의 고통에서 해방되고자 하는 바람이다. 그래서 부르심을 통해 자신에게 주어진 일들을 제쳐두고 다른 일에 정신을 파는 것이다.

에브라임 족속이 이와 같았다. 하나님은 에브라임에 대해 다음과 같이 말씀하셨다. "그들이 갈 때에 내가 나의 그물을 그 위에 쳐서 공중의 새처럼 떨어뜨리고…. 그들을 징계하리라"(호 7:12). 하나님의 계획은 에브라임을 포획해서 그들이 죄를 자각하도록 하는 데 있었다. 하지만 하나님의 말씀처럼 에브라임은 지존하신 하나님께로 돌아오지 않고, 회개라는 하나님의 방법 대신 스스로 죄를 없애려는 노력에 집착했다.

이처럼 사람들은 영광스러운 방법으로 하나님께 나올 수 있는 방법을 마다하고 다른 일에 집착한다. 이와 같은 행동은 사람들의 영혼을 파괴시키는 흔한 속임수 중의 하나이다. 이것은 마치 으깨지 않은 도료로 하나님의 일을 색칠하여 망치는 격이다. 나는 그와 같이 행동하는 사람들이 다른 무지한 사람들에게도 그런 행동을 강요해서 그들을 오도하지 않기를 바란다.

사람들이 주님으로부터 죄로 인해 가책을 받고 양심이 찔릴 때 보통 무슨 일을 하는가? 그들은 죄의 열매를 보고 당황해서 온 힘을 다해 스스로 죄를 죽이려고 한다. 하지만 아이러니하게도 나중에 죄에 대한 그들의 자각은 곧 사라지고 만다. 그리고 그런 모습에 안주하다가 결국 멸망하고 만다.

중생을 위해 자신의 상태를 직시하라.

죄를 죽이는 의무는 적당한 순서로 때에 맞게 시행한다면 매우 훌륭한 일이 된다. 그런 의무를 통해 사람들은 자신의 신실함을 증거하고 양심의 평화를 맛볼 수 있다. 하지만 아직 시기상조인 상태에서 이 의무를 수행하는 일에 집착하여 자신의 마음과 생각을 죄와 대립관계에 놓고, 굳은 결심으로 다시는 죄를 짓지 않겠다고 다짐하는 사람들은 자기 영혼을 속이고 자기 상태를 낙관적으로 보고 선한 상태로 착각하는 것이다. 그 이유를 구체적으로 설명하자면 다음과 같다.

죄로 양심이 고통을 받고 불안할 때 우리는 영혼의 위대한 의사이신 주님을 찾아가 그분의 보혈로 치료를 받아야 한다. 하지만 보통 사람들은 자신의 양심을 달래기 위해 그리스도께로 가기보다는 스스로 죄와 일전을 벌이려고 노력한다. 정말 얼마나 많은 가련한 영혼들이 이와 같이 속아서 영원한 지옥으로 떨어지고 있는가! 에브라임이 자신의 병을 깨달았을 때 앗수르에 가서 야렙 왕에게 사람을 보냈다(호 5:13). 이런 행동으로 에브라임은 계속 하나님으로부터 멀어져갔다. 바울은 그리스도에 대해 "율법의 마침"(롬 10:4)이라고 했는데, 로마 가톨릭의 종교제도는 그리스도 없이 스스로의 힘으로 인간의 양심을 달래기 위해 인간적인 방법과 인간적인 고안들을 사용하고 있다.

이러한 인간적인 방법을 통해 사람들은 자신의 상태가 여전히 선하며 스스로 선한 일을 할 수 있다는 자기 만족에 빠진다. 하지만 그들이 선한 일을 한다는 것은 거짓이다. 오히려 그들은 선한 일을 성실히 할 수 있다는 착각 속에서 자기 의를 세우며 더욱 강퍅해진다.

이런 착각 속에서 영혼을 한동안 속이고 난 후에 비로소 자신이 죄를 죽이지 못했다는 사실을 발견하게 된다. 그리고 어떤 죄를 피하면 또 다른 죄를 짓게 된다는 사실을 깨닫게 된다. 그래서 마침내 죄와 싸웠던 자신의 모든 투쟁이 헛수고였음을 알고, 결코 죄를 이길 수 없는 현실을 절감하게 된다. 그 결과 그는 절망한 채로 포기하고 죄의 위력과 형식주의적 습관 앞에 무릎을 꿇게 된다.

이것은 그리스도에 관심을 갖지 않은 채 죄를 죽이려는 사람들의 공통된 말로이다. 이런 모습을 통해 그들은 속임을 당하고 강퍅해지고 결국 파멸에 이른다. 죄를 깨달았을 때 그리스도를 찾지 않고 스스로 죄를 없애려고 노력했지만, 나중에 열매가 없는 것을 보고 의무를 저버린 사람이야말로 세상에서 가장 절망적인 사람이다. 하지만 이런 절망적인 모습은 이 세상에서 가장 고상한 형식주의자들의 종교와 경건의 본질이기도 하다.

죄를 죽이는 일은 진정한 성도만이 할 수 있다. 다시 말해 죄를 죽이는 것은 진실로 살아 있는 사람만이 할 수 있는 일이다. 불신자들처럼 죽은 사람들의 경우에는 죄가 활개친다. 그러므로 죄를 죽이는 일은 오직 믿음을 통해서만 성취할 수 있는 일이다. 어떤 일을 성취할 수 있는 방법이 한 가지밖에 없는 상황에서 다른 방법을 사용한다면 실로 어리석은 짓이다. 마음을 정결하게 하는 방법은 오직 믿음뿐이다(행 15:9). 이것을 사도 베드로는 다른 말로 이렇게 말한다. "너희가 진리를 순종함으로 너희 영혼을 깨끗하게 하여"(벧전 1:22). 성령을 통해 진리에 순종하지 않는다면 우리는 절대 죄를 죽일 수 없다.

이상의 제기된 논의를 통해서 우리는 다음과 같은 두 가지 일반적인 원리를 찾을 수 있다.

원리 1. 그리스도께 먼저
관심을 가지라

죄를 죽이기 위한 첫 번째 원리는 죄를 이기고자 하는 사람은 그리스도에게 먼저 관심을 가져야 한다는 사실이다. 그런 관심이 없이는 절대 죄를 죽일 수 없다. 혹자는 이에 대해서 이렇게 반문할지 모른다. 그렇다면 중생하지 않은 사람이 죄의 악함을 깨달을 때 어떻게 해야 하는가? 그들은 죄에 대항하여 싸우지 말고 계속 자신의 정욕에 좌우되어 방탕하게 살면서 세상에서 가장 사악한 사람으로 남아 있어야 하는가? 바로 이런 생각 때문에 그동안 이 세상이 혼란에 빠지고 모든 것이 암흑 속에 잠기며 정욕의 홍수가 밀물처럼 쏟아지게 된 것이 아닌가? 실로 이런 생각이 사람들의 고삐로 작용해서 마치 전쟁터에서 포화 속으로 달리는 말처럼 그들을 조정하고 그들로 하여금 쾌락과 욕심으로 죄 짓도록 부추겨왔던 것이 아닌가?

물론 방탕하게 사는 것은 하나님의 뜻이 아니다! 그동안 하나님께서 사람들이 타락한 성품을 통해 절제할 수 없는 난폭한 폭동 속으로 휘말려 들어가지 않도록 여러 방법으로 막으신 것은 그분의 자비와 지혜, 그리고 사랑 때문이었다. 결국 하나님의 돌보심, 선하심, 그리고 자비가 없었다면 이 세상은 죄와 혼돈의 지옥으로 이미 변해 있었을 것이다.

   때때로 하나님은 자기 뜻에 따라 세상 사람들에게 죄를 깨닫게 하고, 비록 그들이 회심하지 않을지라도 그들에게 찔림을 주고 겸손하게 하신다. 즉 하나님의 말씀을 통해 회심까지는 아니지만 죄인이 자신의 죄를 자각하도록 이끄시는 것이다. 그러므로 우리는 이런 하나님의 말씀을 전파할 의무가 있다. 그래서 죄인들이 자신의 정욕을 억제하고 죄를 이길 수는 없지만 죄에 대해 어느 정도 저항할 수 있도록 도와주어야 한다. 말씀과 성령의 사역은 그 자체는 좋은 것이지만 중생하지 않은 죄인들에게는 온전한 목적을 이룰 수 없다. 따라서 죄인들은 그런 말씀의 역사를 받을지라도 여전히 쓴 뿌리를 갖고 어둠의 권세 아래에 있게 된다.

   분명 죄를 죽이는 일은 죄인의 의무이다. 하지만 이 의무는 올바른 선행조건을 충족할 때만 수행될 수 있다. 그렇다고 사람에게 죄를 죽여야 하는 의무가 없다는 의미는 아니다. 단지 나의 논점은 죄를 죽이기 위해서는 먼저 죄인이 회심해야 한다는 뜻이다. 회심하라는 말은 마치 집 벽의 작은 구멍을 수리하는 수선공에게 지금 집 전체를 태우고 있는 불을 끄라는 말과 비슷하다. 실로 가련한 영혼들은 스스로 전체가 지금 죄의 불덩이라는 사실을 알지도 모른 채 자신의 문제가 사소한 나쁜 손버릇인 양 특정한 죄를 죽이려고 노력한다.

   하나님의 선하신 손길을 통해 말씀을 전파하는 사역자들에게 덧붙여 한마디 하겠다. 일반 사람들에게 죄를 인식시키고 죄의 중압감을 깨닫게 하는 일은 말씀 전파자들의 의무이다. 하지만 여기서 기억해야 할 점은 그런 일을 할 때 율법과 복음의 목적을 염두에 두어야 한다는 것이다. 즉 사역자들은 죄인들의 죄를 지적해서 그들이 처해 있는 근본적인 상태와 상황을 직시하도록 이끌어주어야 한다. 그렇지 않으면 사역자들의 말을 듣고 오히려 사람들이 형식주의와 위선에 빠질 수 있다. 그렇게 되면 복음 전파의 진정한 목적은 수포로 돌아간다.

술 취한 사람을 정죄해서 그를 멀쩡한 형식주의자로 만드는 것은 결코 도움이 되지 않는다. 능력 있는 회중 설교자는 중생하지 못하고 무지한 사람들에게 그들의 특정한 죄들을 비수를 품고 지적한다. 물론 그 자체는 나쁜 일이 아니다. 하지만 그것이 효과적인 성공을 거둔다 할지라도 죄인들이 그런 정죄의 말을 듣고 스스로 죄를 죽이려고 노력한다면, 이것은 마치 야전에 패퇴시킨 적을 난공불락의 요새 속으로 몰아넣어 거기서 안전하게 숨도록 만드는 꼴이 된다. 그러므로 말씀 전파자는 항상 특정한 죄를 잘 활용해서 그것을 통해 죄인에게 자신의 전체 상태와 상황을 깨닫게 하고 회심할 수 있도록 도와주어야 한다. 단순히 그들의 특정한 죄 문제만을 지적하고 그들 마음 전체를 변화시키지 못한다면, 그것은 올바른 행동이 아니다.

바로 이 점에서 로마 가톨릭 교도들의 죄를 죽이는 방법이 거짓임을 알 수 있다. 그들은 누구를 막론하고 항상 죄를 죽이라고 강요한다. 그들은 죄를 죽이는 삶에 어떤 원리가 있다는 사실 자체도 고려하지 않는다. 가톨릭 신봉자들은 사람들에게 죄를 죽이도록 강요할 뿐 믿음을 갖는 문제에 대해서는 관심을 두지 않는다. 실로 그들은 진정으로 믿음을 갖는 것이 무엇인지, 진정으로 죄를 죽이는 삶의 의미가 무엇인지 알지 못한다. 그들에게 믿음은 교회에서 가르치는 교리에 단순히 지적으로 동의하는 것이 전부이다. 또한 그들에게 죄를 죽이는 삶은 서원을 통해 세상의 일부를 부인하는 삶을 의미한다. 그러면서 그런 부인하는 삶의 대가를 이 세상에서 보상받으려 한다. 이런 자들은 성경이나 하나님의 능력을 알지 못한다. 죄를 죽이는 삶을 자랑하는 이들의 행위는 실제로 수치 속에서 자신을 영화롭게 하는 행동이다.

또한 개신교 안에도 궤변을 늘어놓는 사람들이 있다. 중생의 필요성을 무시하는 이들은 자신에게 죄와 정욕을 고백하기 위해 찾아온 사람에게 적어도 한 시즌, 또는 한 달 동안 죄와 싸울 것을 맹세하라고 말한다. 이런 궤변가들은 처음 예수님을 찾아온 니고데모처럼 복음의 신비에 대해 아는 것이 거의 없다. 이들은 사람들에게 한동안 죄를 금하라고 명령하지만 이런 지침은 오히려 그들의 정욕만 더욱 타오르도록 부추긴다. 아마도 이런 명령에 사람들은 약속을 지킬 수도 있고 지키지 못할 수도 있다.

분명한 점은 그러면서 그들의 죄의식과 고통은 더욱 커져간다는 사실이다. 이런 상태에서 과연 그들의 죄가 죽었다고 말할 수 있겠는가? 그들이 진정으로 죄를 정복할 수 있겠는가? 죄를 포기하면 실로 그들의 상태는 바뀌는가? 그들은 여전히 죄의 고통 속에서 신음하고 있지 않는가? 마치 사람들에게 짚(straw)이 없이 벽돌을 만들게 하여 오히려 전보다 상황을 더 악화시키는 격은 아닌가? 거듭나지 않은 사람이 이런 일을 할 때 그는 어떤 약속과 도움을 받을 수 있는가? 그리스도의 죽음에 대한 진정한 관심 없이 죄를 죽인다는 것이 가능한 일인가? 또한 성령 없이 죄를 이길 수 있는가? 비록 이러한 지침을 따라 삶이 변화될지라도(물론 거의 변화되지는 않지만) 그 사람은 절대 자신의 마음과 상태를 바꿀 수는 없다. 결국 이런 궤변자들은 사람들을 그리스도인으로 만드는 게 아니라 위선자, 또는 자기 의를 세우는 자들로 만든다.

하나님에 대한 열심과 영원한 영적 싸움에 대한 의지는 있지만, 앞에서 말한 그런 잘못된 지도자들의 지침 때문에 무거운 짐을 지고 하나님을 진정으로 섬기지도 못한 채 죄를 죽이기 위해 거짓된 노력을 하는 가련한 영혼들을 보면 나는 측은한 마음을 지울 수가 없다. 이들은 이 세상에서 사는 날 동안 그리스도의 의와 성령에 대해서 알지 못한다. 정말 이런 사람들이 너무나 많다. 예수 그리스도의 얼굴에 있는 그분의 영광의 지식이 이들의 마음에 비친다면 그들은 현재 자신이 행하는 방식의 어리석음을 즉시 깨닫게 될 것이다.

원리 2. 모든 영역에서 항상 순종하라

죄를 죽이기 위한 두 번째 원리는 모든 영역에서 성실하게, 부지런히 순종하지 않는 한 죄의 정욕을 절대 죽일 수 없다는 것이다. 이 사실을 좀 더 자세히 살펴보자.

사람은 자신 안에 있는 강력한 정욕이 평안을 깨뜨리고 자신을 불안하게 하며 스스로를 노예로 만든다는 사실을 깨닫게 된다. 이때 그는 그런 죄의 모습을 보고 참지 못한다. 그래서 죄와 싸우기로 결심하고 그것을 물리치기 위해 기도한다. 그리고 죄 아래서 신음하며 죄에서 해방되기를 갈구한다. 하지만 그러는 사이 그는 자신을 괴롭히는 특정 정욕의 문제에 집착하게 되어 하나님과의 끊임없는 교제, 성경 읽기, 기도, 묵상 등과 같은 다른 의무에 소홀하게 된다. 그 결과 그가 싸우고 있는 정욕도 결코 죽이지 못한다.

　이 세상에서 순례의 길을 가는 사람들에게서 이런 모습을 종종 발견할 수 있다. 이스라엘 사람들은 자신들의 죄를 깨닫고 금식과 기도를 드리며 열심과 부지런함으로 하나님을 찾았다(사 58장). 이들의 열심에 대해 성경은 이렇게 말한다. "그들이 날마다 나를 찾아 나의 길 알기를 즐거워함이 마치 공의를 행하여 그의 하나님의 규례를 저버리지 아니하는 나라 같아서 의로운 판단을 내게 구하며 하나님과 가까이 하기를 즐거워하는도다"(사 58:2). 그러나 하나님은 그들의 모든 행위를 거부하셨다. 한마디로 그들의 금식은 그들의 상처를 치료해주지 못했다. 이사야서 58장 5~7절 말씀은 그 이유를 설명하고 있는데, 그 구절을 보면 그들이 금식에만 열심을 냈을 뿐 다른 의무에 대해선 태만했다는 사실을 알 수 있다.

　"이것이 어찌 내가 기뻐하는 금식이 되겠으며 이것이 어찌 사람이 자기의 마음을 괴롭게 하는 날이 되겠느냐. 그의 머리를 갈대 같이 숙이고 굵은 베와 재를 펴는 것을 어찌 금식이라 하겠으며 여호와께

열납될 날이라 하겠느냐. 내가 기뻐하는 금식은 흉악의 결박을 풀어주며 멍에의 줄을 끌러주며 압제 당하는 자를 자유하게 하며 모든 멍에를 꺾는 것이 아니겠느냐. 또 주린 자에게 네 양식을 나누어 주며 유리하는 빈민을 집에 들이며 헐벗은 자를 보면 입히며 또 네 골육을 피하여 스스로 숨지 아니하는 것이 아니겠느냐"(사 58:5-7).

무절제와 과식, 그리고 과음 등으로 찌든 몸의 습관으로 인해 상처 입은 사람이 자신의 습관을 그대로 내버려둔 채 상처만을 치료하기 위해 열심을 낸다면 그의 수고는 결국 수포로 돌아갈 수밖에 없다. 마찬가지로 사람이 자신의 영혼에 있는 특정한 죄의 분출에만 집착해서 그것을 막다가 자신이 가진 전체적인 영적 상태와 기질을 간과한다면 동일한 오류를 범하게 된다. 구체적으로 그 이유는 이런 식으로 죄를 죽이려는 노력은 잘못된 원리 위에서 출발한 것이기 때문이다. 그러므로 그것은 절대 좋은 결과를 산출해낼 수 없다.

모든 영역에서 타락한 인간의 본성을 간과하지 말라.

죄를 죽이기 위한 올바른 원리를 이제 구체적으로 생각해보자. 단순히 죄에 대해 괴로워하는 것보다 죄를 죄로 미워하고 십자가에 나타난 그리스도의 사랑을 깨닫는 것이 영적으로 죄를 죽이는 토대이다. 앞에서 말한 것들은 모두 자기 사랑의 기초에서 나온 행동들이다. 당신은 보통 특정 죄나 정욕을 보면 그것을 죽이기 위해 열심을 낼 것이다. 그것으로 인해 당신이 불편하고 당신의 평화가 깨지기 때문이다. 이런 죄 앞에서 당신의 마음은 슬픔과 고통을 느끼게 된다. 그래서 당신 안에는 쉼이 없다. 하지만 친구여, 그러는 사이에 당신은 기도와 성경 읽기를 태만히 할 것이다. 그래서 하나님과의 교제를 등한시하고, 지금 당장 괴로움을 주는 정욕 못지않게 사악한 다른 정욕들에 대해 제대로 대처하지 못할 것이다. 이 다른 정욕들도 지금 당신이 신음하는 그 정욕만큼이나 악한 것들이다.

  예수 그리스도께서 십자가에서 피 흘리신 이유는 우리의 그런 모든 죄악을 담당하기 위함이었다. 그런데 당신은 왜 다른 죄악들에 대해서는 대항하지 않는가? 모든 악한 것을 죄로 여긴다면 지금 당장 당신을 괴롭히는 정욕뿐만 아니라 하나님의 성령을 근심하게 하는 다른 모든 악에 대해서도 당신은 경계를 늦추지 말아야 한다. 당신은 지금 고통을 주는 죄에 대해서만 싸우려 한다. 그렇게 되면 나중에 당신의 양심이 무뎌져 그 정욕이 아무렇지 않게 여겨질 때 당신은 더는 그것과 싸우려 하지 않을 것이다. 다시 말해 죄가 있어도 당신 마음의 평화가 깨지지 않는다면 당신은 더는 죄와 투쟁하지 않게 될 것이다.

  성령이 당신의 거짓과 반역행위를 증거하는 상황에서 하나님이 당신의 그런 위선적인 노력을 승인하실 것이라고 생각하는가? 하나님이 당신을 괴롭히는 정욕에서 당신을 해방시키고, 그 정욕 못지않게 하나님을 근심시키는 다른 정욕들에 대해서는 당신이 자유할 수 있도록 허락하신다고 생각하는가? 하나님은 그런 분이 아니다. 사람은 자신을 괴롭히는 특정 정욕을 물리치려고 할 때 다른 정욕들도 죽이려고 똑같이 노력해야 한다. 만약 그렇지 않으면 그는 죄에 지고 말 것이다.

특정 정욕을 제거하는 일에만 집착해서는 안 된다. 그것은 하나님의 일이 아니다. 하나님의 일은 우리가 모든 영역에서 순종하는 것이다. 하지만 사람들은 보통 당장 자신에게 찔림을 주는 죄를 청산하는 일에만 매달린다. 이에 대해 사도 바울은 이렇게 말한다. "우리는 하나님을 두려워하는 가운데서 거룩함을 온전히 이루어 육과 영의 온갖 더러운 것에서 자신을 깨끗하게 하자"(고후 7:1). 어떤 일을 하기 위해서는 모든 것을 동시에 잘 해야 한다. 그러므로 특정 정욕에 격렬하게 대항할 뿐만 아니라 보편적인 모든 영역에서도 겸손한 마음으로 모든 악을 경계하며 자신에게 주어진 의무를 모두 수행해야 한다.

하나님이 정욕을 허락하시는 이유

어떤 의미에서 하나님은 우리를 괴롭히기 위해서 정욕을 허락하신다. 그리하여 그 정욕에 집착하게 하여 당신으로 하여금 다른 의무나 하나님과 동행하는 삶을 소홀히 하도록 방관하신다. 그렇게 되면 적어도 당신은 자신의 처지를 숙고하게 되고, 하나님과 동행하는 삶에서 자신이 철저히 변화될 필요가 있음을 자각하게 된다. 특정 정욕이 활개치며 당신을 지배한다는 사실은 일반적으로 주의 깊게 하나님과 동행하지 않은 데서 파생된 결과이다. 그 이유는 다음의 두 가지이다.

첫째, 그것은 사필귀정이기 때문이다. 일반적 의미에서 죄의 정욕은 모든 사람의 마음에 자리 잡고 있다. 심지어 믿음이 좋은 훌륭한 사람일지라도 예외는 아니다. 성경이 말하는 것처럼 진실로 정욕은 교활하고 간교하며 반항하여 사람을 유혹한다. 사람이 정욕의 뿌리이자 근원인 자신의 마음을 부지런히 성찰하고, 무엇보다도 생명과 죽음의 원천인 마음을 다스린다면 정욕은 시들해져서 죽게 된다. 하지만 방심하면 정욕은 특정한 방법으로 분출되어 우리 감정을 통해 생각 속으로 파고든다. 그리고 그런 생각을 통해 하나님과의 관계에서 죄를 짓도록 유혹한다. 이 정욕은 이전에 했던 방식대로 힘을 발휘하거나 자신이 원하는 방향으로 영향을 미치게 된다. 그래서 마침내 일단 교두보를 마련하면 사람을 당황하게 하고 그에게서 평화를 빼앗아간다. 이런 상태에 이르면 당사자는 미리 철저하게 경계했더라면 막을 수 있었던 정욕과 항상 싸우며 슬픔에 잠기게 된다.

둘째, 하나님은 때때로 우리에게 정욕을 허락하셔서 우리의 태만을 징계하시기 때문이다. 악인의 경우 하나님은 그들이 짓는 특정한 죄를 징벌하기 위해 다른 죄를 짓도록 하신다(롬 1:26). 즉 조그마한 죄를 심판하시기 위해 더 큰 죄를 짓도록 하는 것이다. 또한 하나님은 자기 자녀들에게도 이와 같이 행동하신다. 그래서 때때로 믿는 자들의 나쁜 점을 예방하거나 치료할 목적으로 여러 난처한 상황들을 허락하신다. 바울에게서 사탄의 가시는 그로 하여금 풍부한 영적 계시를 통해 자만하지 않도록 히기 위함이었다. "여러 계시를 받은 것이 지극히 크므로 너무 자만하지 않게 하시려고 내 육체에 가시, 곧 사탄의 사자를 주셨으니 이는 나를 쳐서 너무 자만하지 않게 하려 하심이라"(고후 12:7). 또한 베드로가 예수님을 부인한 것은 그의 헛된 자만심을 교정하기 위한 하나님의 방법이었다.

　결론적으로 죄의 정욕의 위력은 이와 같다. 그래서 하나님은 때때로 우리를 겸손하게 하기 위해서 정욕의 지배를 잠시 허락하시고, 그것을 통해 우리의 부주의한 신앙생활을 징계하며 교정하신다. 이런 사실을 고려할 때 전체적인 삶이 개혁되지 않은 상황에서 특정한 정욕을 죽이려는 인간적인 시도는 분명히 잘못된 발상이다.

　지금 자신을 괴롭히는 정욕을 철저히 죽이고자 한다면 모든 부분에서 부지런히 순종하려는 자세가 있어야 한다. 우리는 모든 정욕과 모든 의무 태만이 하나님께 짐이 된다는 사실을 깨달아야 한다. 마음의 악한 생각을 그대로 좌시하고 모든 면에서 온전히 순종하기보다 자신의 의무를 게을리 한다면 그 영혼은 약해져서 믿음을 위해 힘쓰지 않게 되고, 이기주의에 빠져 죄의 더러움보다는 외형적으로 드러나는 죄의 고통에만 신경을 쓰게 된다. 그래서 하나님을 끊임없이 분노하도록 자극한다. 결국 그는 자신이 해야 하는 모든 영적 의무에서 위안을 얻을 수 없을 뿐만 아니라 자신 앞에 당면한 정욕에서도 자유롭지 못하게 된다.

John Owen
Mortifications of Sin

[Chapter 8]

죄를 죽이는 9가지 실제적 방법을 사용하라

• • • • •

방법 1. 정욕에 동반되는 여러 위험한 징후를 살피라
방법 2. 죄의식, 죄의 위험, 죄의 사악함을 항상 인식하라
방법 3. 내면 깊은 곳의 양심으로 죄를 느끼라
방법 4. 죄의 권세에서 해방되기를 끊임없이 갈망하라
방법 5. 성품에 죄가 뿌리를 내리고 있는지 살피라
방법 6. 죄에 대항하여 항상 깨어 있으라
방법 7. 처음부터 죄에 대해 결사적으로 대항하라
방법 8. 자신의 사악함을 깨닫고 겸손하라
방법 9. 죄 앞에서 자신에게 평안하다고 말하지 말라

✶ ✶ ✶ ✶ ✶

너희는 믿음 안에 있는가 너희 자신을 시험하고 너희 자신을 확증하라. 예수 그리스도께서 너희 안에 계신 줄을 너희가 스스로 알지 못하느냐. 그렇지 않으면 너희가 버림받은 자니라. 고린도후서 13:5.

앞에서 제안된 논의를 토대로 정욕으로 고통받을 때 우리 영혼을 안내해주는 구체적인 방법을 이 장에서 이야기하고자 한다. 이것은 이 책에서 내가 의도한 핵심이기도 하다. 이 방법 중 어떤 것은 다른 것을 위한 선행조건으로 제시되는 준비 작업인 것도 있고, 어떤 것은 그 자체로 독자적인 안내 역할을 하는 것도 있다.

방법 1. 정욕에 동반되는
여러 위험한 징후를 살피라

먼저 당신의 정욕에 동반되는 여러 위험한 징후

들을 숙고해보라. 즉 그 정욕이 치명적인 증상을 가지고 있는지 조사하라. 만약 그것이 치명적이라면 특단의 조치를 취해야 한다. 일반적인 수준에서 죄를 죽이려는 노력은 효과를 거둘 수 없다. 그렇다면 우리 안에 거하는 죄가 치명적임을 보여주는 위험한 징후는 무엇인가? 그 징후들은 다음과 같다.

고질적 습관

만약 어떤 죄가 당신 마음을 오랫동안 타락시켜왔는데 그것의 위력을 물리치고 거기서 치유받으려고 노력하지 않았다면 그 죄의 병은 매우 심각한 것이다. 혹시 당신은 오랫동안 세상적인 생각, 야망, 욕심으로 인해 하나님과의 끊임없는 동행의 삶을 위해 필요한 다른 의무들을 저버리지는 않았는가? 아니면 수많은 날을 헛되고 어리석고 악한 생각으로 보내며 당신 마음을 더럽히지는 않았는가? 만약 그렇다면 당신의 정욕은 매우 위험한 수위에 있다.

다윗의 경우가 그러했다. "내 상처가 썩어 악취가 나오니 나의 우매한 까닭이로소이다"(시 38:5). 마음속에 오랫동안 자리 잡은 정욕은 사람을 타락시키며 곪게 하고 짓무르게 하여 영혼을 비참한 상태로 만든다. 이러한 경우 일반적인 처방으로는 치료가 불가능하다. 이 정욕은 앞에서 언급한 온갖 수단을 동원해서 영혼의 모든 기능을 은근히 잠식하고 사람의 감정을 지배한다. 그래서 사람의 마음과 양심은 그것에 익숙해져서 전혀 낯설게 여기지 않고 오히려 자신의 습관인 것처럼 생각하기까지 한다. 실로 죄의 정욕은 이와 같은 방법으로 사람을 지배하며 때때로 자신의 존재를 사람 눈에 띄지 않도록 한다. 따라서 그러한 사람은 특단의 조치를 취하지 않는 한 이 세상에서 결코 평화를 맞볼 수 없다.

그 이유는 첫째, 특정 정욕을 오랫동안 죽이지 못한 것은 중생하지 못한 사람에게만 일어나는 죄의 노예 상태에서 비롯된 것일 수 있기 때문이다. 둘째, 오랫동안 특정한 죄의 정욕이 여러 모양으로 역사하여 마치 요지부동인 것처럼 역사하고 있을 때 그 정욕이 더는 자신을 괴롭히지 않을 것이며, 자신은 딴 사람이 될 것이라고 다짐하는 일은 어불성설이기 때문이다. 아마도 이 특정 정욕은 당근과 채찍이라는 양면작전을 통해 영혼이 눈치 채지 못하도록 자신의 존재를 오랫동안 숨겨왔을 것이다. 그리고 말씀을 통해 주어지는 각종 은사들의 도전 앞에서 오랫동안 굴복하지 않은 채 있었을 것이다.

이렇게 고질적인 습관처럼 영향력을 행사하는 죄를 사람이 제거한다는 것은 확실히 쉬운 일이 아니다. 오랫동안 방치된 상처들은 종종 치명적이며 항상 위험하다. 속에 거하는 병은 계속 아무런 장애 없이 거하면서 더욱 난폭하고 완고해진다. 정욕은 그러한 속병으로 일단 사람 안에 습관으로 자리 잡게 되면 발본하기가 더욱 어려워진다. 그것은 스스로 죽는 법이 없기 때문에 우리가 매일매일 그것을 죽이지 않는다면 그 위력은 분명히 점점 더 커질 것이다.

죄와 타협하려는 마음

내주하는 정욕의 힘 앞에서 복음적인 방법으로 그것을 죽이기보단 마음의 평화를 유지하기 위한 명목으로 그것과 은근히 타협하려는 것은 마음속에서 그 죄가 치명적인 수위로 발전했다는 또 다른 증거이다. 이러한 타협은 다음과 같은 방법으로 이루어질 수 있다.

첫째, 죄로 인한 생각으로 고통당할 때 그것을 파괴하려고 노력하기보다는 자신의 마음속에서 그런 죄의 속성 외에 다른 좋은 면이 있는지를 찾아보고, 그것을 찾게 되면 죄에 대해서 관용한다.

사람이 하나님과 가졌던 경험들을 다시 생각하고 기억하며, 그것들을 더욱 발전시키기 위해 노력하는 것은 좋은 일이다. 이것은 모든 성도의 마땅한 의무로서 구약과 신약에서 모두 권고하는 행동이다. 다윗도 이와 같은 일을 했다. "밤에 부른 노래를 내가 기억하여 마음으로 간구하기를"(시 77:6). 이렇게 해서 다윗은 주님이 자신에게 베풀어주신 이전의 은혜들을 기억했다. 이와 같은 행위를 바울도 우리에게 권면했다. "너희는 믿음 안에 있는가 너희 자신을 시험하고 너희 자신을 확증하라. 예수 그리스도께서 너희 안에 계신 줄을 너희가 스스로 알지 못하느냐. 그렇지 않으면 너희는 버림받은 자니라"(고후 13:5).

솔로몬이 말한 것처럼 시련과 시험의 때, 그리고 죄로 인해 마음이 괴로울 때 그와 같이 하나님의 은혜들을 묵상하면 그 은혜의 잔은 더욱 돋보이게 된다. 하지만 그와 같은 기억을 다른 목적으로 사용한다면, 즉 죄로 고통당하는 양심을 달래기 위한 목적으로 이용한다면 그것은 죄의 계책에 넘어가는 것이다.

사람의 양심이 하나님과 대면하고 하나님으로부터 그의 죄성이 꾸짖음을 받을 때, 그 죄를 그리스도의 보혈로 용서받고 성령으로 죽이기보다 오히려 전에 가졌던 좋은 경험들을 생각하며 위안을 얻고, 하나님이 자신의 목에 놓은 멍에를 회피하는 일은 실로 위험한 행동이다. 그렇게 되면 그의 상처는 거의 치료가 불가능해진다. 유대인들은 그리스도의 가르침에 찔림을 받고 양심의 가책을 느꼈을 때 자신들이 아브라함의 자손이며, 그래서 하나님으로부터 인정받은 백성이라고 주장하며 스스로를 위로하고 합리화했다. 그 결과 온갖 불경스러운 죄악으로 그들은 파멸하게 되었다.

어떤 의미에서 이것은 '스스로 자축하는 행위'라고 말할 수 있다. 그래서 "악화 일로에 있을지라도 내 안에는 여전히 평화가 있다"고 말하는 것과 같다. 이와 같은 태도 뒤에는 죄를 사랑하고 하나님으로부터 오는 은혜와 평화를 무시하려는 심리가 있다. 실로 자신에게 임하는 분노를 피할 수만 있다면 하나님과 완전히 단절되지는 않지만 어느 정도 하나님과 거리를 두면서 세상에서 열매 없이 살아도 된다는 생각이다. 이러한 생각을 가진 사람에게 무엇을 기대할 수 있겠는가?

둘째, 죄를 죽이기 위해 신실하게 노력하는 대신에 죄를 은혜와 자비의 논리로 합리화하는 것도 죄와 타협하는 행위이다. 이런 합리화는 그 당사자의 마음이 얼마나 죄에 물들어 있는지를 잘 보여주는 표식이다. 림몬의 신당에서 경배해야 하는 나아만처럼(왕하 5:18) 사람이 자신의 마음속에 "다른 경우들은 하나님과 동행하겠지만 이 경우만은 나에게 자비를 베풀어 주소서!"라고 은밀히 말한다면, 그는 곧 비참한 상태에 빠지게 될 것이다.

실로 자비라는 핑계로 죄에 계속 안주하려는 것은 크리스천의 신실성에 위배되는 짓으로 위선이다. 그것은 하나님의 은혜를 도리어 방탕한 것으로 만드는 셈이다(유 1:4). 하지만 유감스럽게도 하나님의 자녀들이 사탄의 간교와 그들의 불신앙으로 때때로 이와 같은 죄의 속임수의 함정에 빠진다. 만약 그렇지 않다면 바울은 우리에게 그와 같은 속임수에 대해 주의하라고 말하지 않았을 것이다.

실로 사람은 천성적으로 이처럼 육신적인 거짓 논리에 무엇보다도 쉽게 사로잡힌다. 그래서 육신은 '은혜'라는 핑계를 대고 더욱 방종하려고 한다. 그리고 자비와 관련된 말은 무엇이든지 귀를 쫑긋하고 낚아채서 자신의 타락한 목적을 위해 왜곡한다. 죽이지 못한 자신의 죄에 대해 이와 같은 은혜를 대입해 합리화하는 행위는 결국 복음이라는 도구를 통해 육신의 목적을 만족시키는 행동이다.

속임을 당한 인간의 마음이 자신의 죄를 합리화하기 위해 사용하는 방법은 이 외에도 많다. 이처럼 내면에서 죄를 합리화하는 사람은 결국 마음속으로 죄를 은밀히 좋아하게 된다. 그래서 비록 그의 의지는 전적으로 죄를 향해 있지는 않지만 어느 정도 그것에 기울어져서 조건만 맞으면 쉽게 죄를 짓는다. 그래서 그는 그리스도의 피로 죄에서 사함을 받고 죄를 죽이려 하기보다 다른 방법을 통해 죄의 고통에서 위안을 얻으려고 한다. 결국 이런 사람의 상처는 악취를 품기며 썩게 되고 죽음의 문턱에 이르게 된다.

죄의 유혹에 동조하는 태도

　죄의 정욕이 치명적인 수위에 이르렀음을 보여주는 또 다른 징후는 죄의 유혹이 성공을 거두고 사람의 의지가 죄의 지배에 빈번히 동조하는 경우이다. 사람의 의지가 죄를 기쁘게 받아들이고 그것에 동조할 때 비록 그 죄를 외형상 실제로 범하지 않을지라도 죄는 자신의 목적을 이룬 셈이 된다. 외형적인 기준으로 볼 때 사도 야보고가 말한 것 – 오직 각 사람이 시험을 받는 것은 자기 욕심에 끌려 미혹됨이니 욕심이 잉태한즉 죄를 낳고 죄가 장성한즉 사망을 낳느니라(약 1:14-15) – 처럼 실제로 죄를 짓지는 않지만 사람은 마음속에서 죄를 짓고자 하는 마음과 성향을 가질 수 있다. 그렇게 되면 죄는 성공을 거둔 것이다. 그래서 정욕이 사람의 영혼에 위력을 갖게 되어 그의 상태는 마치 중생하지 못한 사람처럼 나빠지고 위험에 처하게 된다.

　정욕에 휘말리는 일을 의도적으로 하든 무심코 하든 간에 그 결과는 똑같다. 무심코 한다는 자체도 어느 정도 선택이 개입되어 있기 때문이다. 우리가 경계하고 주의할 부분에서 의무를 게을리 하고 무심코 행한다면 그런 무심한 행동은 일부러 하는 행위와 같다. 즉 일부러 의무를 소홀히 하고 부주의한 것이 아닐지라도 부주의하게 행동하도록 상황을 몰아간 것이기 때문에 그 선택의 책임을 피할 수는 없다. 마음의 악은 대부분 무심결에 갑자기 들어와 자신이 어쩔 수 없이 동조한 것이기에 시간이 지나면 그 악이 어느 정도 경감될 것이라고 생각하는 일은 잘못이다. 그렇게 무심결에 기습적으로 악이

들어오게 된 데에는 마음을 지켜야 할 의무를 소홀히 한 자신이 주요 원인이다.

죄와 싸우지 않고 논쟁하는 자세

사람이 죄와 싸워야 할 때 앉아서 죄의 문제와 죄의 심판에 대해 논쟁만 한다면 그것은 죄가 그의 의지를 사로잡은 증거이며, 그의 마음속에는 사악함이 가득 차 있다는 징후이다. 이런 사람은 마음속의 죄와 정욕의 유혹에 대해 싸우지 않고 오직 타인들 사이에서 수치를 당하는 일과 하나님으로부터 오는 지옥의 심판만을 두려워하기 때문에 죄의 심판이 없다면 충분히 죄를 짓고도 남을 사람이다. 그래서 결국 그의 행위는 죄를 짓는 것과 마찬가지가 된다. 진정으로 그리스도의 소유가 된 성도는 복음의 원리에 기초해서 순종하고 그리스도의 죽음, 하나님의 사랑, 그리고 죄의 혐오스러운 속성을 깨달아 하나님과 동행하며 죄를 죄로 여기고 경멸한다. 그래서 모든 죄의 유혹을 물리치고 마음속의 정욕과 투쟁한다.

요셉이 바로 그랬다. "내가 어찌 이 큰 악을 행하여 하나님께 죄를 지으리이까"(창 39:9). 이런 맥락에서 사도 바울도 이렇게 말했다. "그리스도의 사랑이 우리를 강권하시는도다"(고후 5:14). 또한 그는 "그런즉 사랑하는 자들아, 이 약속을 가진 우리는… 육과 영의 온갖 더러운 것에서 자신을 깨끗하게 하자"(고후 7:1)라고 말했다. 반면 정욕의 힘에 이끌리는 사람이 복음의 무기가 아닌 율법만으로 정욕과 싸운다면, 다시 말해 전적으로 율법의 무기인 지옥과 심판을 갖고 죄와 싸운다면 죄가 그의 의지와 감정을 사로잡아 광범위한 영향을 미치게 될 것이다.

이와 같은 사람은 새롭게 하는 은혜를 저버린다. 그가 아직 파멸하지 않는 것은 그를 지탱하는 하나님의 은혜 때문이다. 하지만 은혜에서 멀어지게 된 사람은 결국 율법의 권세 아래로 떨어지고 만다. 그리스도의 가볍고 온유한 멍에를 팽개치고 철로 만든 무거운 율법의 멍에 아래로 들어가 정욕의 방탕함을 억제하고자 한다면 그것은 그리스도를 모욕하는 행위이다.

이 점을 다시 한번 생각해보라. 당신이 죄 앞에서 다음과 같은 선택의 기로에 서 있다고 가정해보자. 즉 계속 죄의 노예가 되어 전쟁터로 달려가는 말처럼 죄의 명령에 굴복해 어리석은 행동으로 치닫거나, 아니면 죄를 스스로 제어하기 위해 대항한다고 하자. 이때 당신은 당신의 영혼에게 어떻게 말할 것인가? 그것으로 모든 게 끝나는가? 아니다. 결국 이 경주의 종착지는 지옥이 될 것이며, 거기서 복수의 심판이 당신을 기다릴 것이다! 그러므로 이제 당신은 스스로를 돌아봐야 한다. 악이 문 앞에서 기다리고 있다. 성도들이 더는 죄의 지배를 받지 않는다고 주장한 바울의 주요 논점은 "성도들이 율법 아래 있지 않고 은혜 아래 있다"는 것이었다(롬 6:14).

율법적 관점에서 율법적 원리와 동기를 갖고 죄와 대항할 때 당신을 파멸로 이끄는 죄의 지배에서 당신이 해방될 수 있다고 어떻게 확신할 수 있는가? 그런 율법적 자세에서 죄를 억제하려는 노력은 결국 오래가지 못한다. 강력한 복음의 요새를 떠나 스스로 정욕과 맞서 싸우게 되면 그 정욕은 즉시 당신을 삼키게 될 것이다. 적과 싸울 때 천 배의 힘을 발휘하는 무기를 적에게 넘겨준다면 당신은 적의 지배에서 절대 해방될 수 없다. 당신이 율법적 태도에서 신속히 돌아서지 않는다면 당신이 두려워하는 일이 당신에게 엄습하게 될 것이다.

징계의 심판에 대한 무감각

당신이 정욕으로 인한 강퍅함, 또는 적어도 징계의 심판을 느끼지 못하고 더는 괴로워하지 않을 때 이것은 죄의 또 다른 위험한 징후이다. 하나님은 때때로 자신의 자녀들에게 죄나 정욕을 허락하셔서 그들을 당혹하게 하고, 그것을 통해 그들이 가졌던 죄, 태만, 그리고 어리석음 등을 교정하신다. 그래서 이스라엘은 하나님께 불평했다. "여호와여, 어찌하여 우리로 주의 길에서 떠나게 하시며 우리의 마음을 완고하게 하시나이까"(사 63:17). 의심의 여지없이 하나님은 이와 같은 방법을 중생하지 못한 불신자들에게도 사용하신다.

그러면 죄로 인한 찔림이 하나님의 징계의 손길인지 우리가 어떻게 알 수 있는가? 자신의 마음과 행동 양식을 살펴보면 알 수 있다. 지금 죄의 덫에 걸려 괴로워하기 전 당신 영혼의 상태는 어떠했는가? 당신은 의무를 소홀히 하지 않았는가? 과도하게 자신만을 위해 살지 않았는가? 당신에게 회개하지 않은 죄가 있지는 않았는가? 하나님은 우리로 하여금 옛 죄를 기억하도록 하기 위해 고통을 주실 뿐만 아니라 더 나아가 전혀 새로운 죄를 짓도록 허락하기도 하신다.

놀라운 은혜, 보호하심, 그리고 구원을 받았음에도 당신은 그것들을 계속 발전시키지 않고 감사하지도 않았던 것은 아닌가? 너무 죄의 고통에 길들여져 그 고통 뒤에 숨어 있는 하나님의 뜻을 이루기 위해 노력하지 않았던 것은 아닌가? 아니면 하나님의 섭리 속에서 하나님을 영화롭게 할 수 있도록 은혜로 주신 기회들 앞에서 최선을 다하지 않았던 것은 아닌가? 혹시 당신은 매일매일 많은 유혹을 통해 세상과 사람들에게 영합하지는 않았던가? 만약 당신이 이러한 상태에 있다면 깨어서 하나님을 구하라. 지금 당신은 주위에 분노의 폭풍이 몰아치고 있다는 사실도 모른 채 영적인 잠을 자고 있다.

죄를 교정하려는 하나님을 방해하는 것

죄를 교정하려는 하나님의 방법을 정욕을 통해 방해한다면 이것은 심각한 죄의 징후이다. 이런 상태를 성경은 이렇게 말한다. "그의 탐심의 죄악을 말미암아 내가 노하여 그를 쳤으며 또 내 얼굴을 가리고 노하였으나 그가 아직도 패역하여 자기 마음의 길로 걸어가도다"(사 57:17). 이 말씀에서 하나님은 이스라엘의 죄를 교정하기 위해 고통을 주고 유기(遺棄)하는 방법들을 사용하셨다. 하지만 그들은 그 모든 하나님의 방법을 무시하고 오히려 저항했다. 이것은 정말 슬픈 일이다. 왜냐하면 18절의 말씀처럼 인간은 오직 하나님의 주권적인 은혜를 통해서만 죄로부터 벗어날 수 있기 때문이다. "내가 그의 길을 보았은즉 그를 고쳐 줄 것이라. 그를 인도하며 그와 그를 슬퍼하는 자들에게 위로를 다시 얻게 하리라." 이 은혜는 사람의 힘으로 얻어지는 은혜가 아니다.

　하나님은 때때로 자신의 섭리에 의해 특정한 사람을 대면하고 그 마음의 죄를 말씀하신다. 요셉을 애굽에 판 요셉의 형제들의 경우가 그런 예다. 이때 당사자는 자신의 죄를 숙고하게 되고 스스로를 판단하게 된다. 이처럼 하나님은 자신의 뜻을 말씀하실 때 보통 위험, 고통, 고난, 질병 등과 같은 방법을 사용하신다. 어떤 때는 성경을 읽는 중에 어떤 구절을 통해 마음에 찔림을 주기도 하신다. 그래서 그로 하여금 자신의 상태를 깨닫고 일어서도록 역사하신다. 또한 매우 자주 말씀 전파, 죄를 자각하게 하는 성찬식, 회심, 그리고 덕을 세워주는 훈계의 방법 등을 통해 사람들을 만나신다. 그리고 종종 말씀의 칼을 통해 사람들을 다듬어가신다. 그리하여 사람들의 심장에 있는 정욕을 향해 직접 칼을 들이대어 죄인들을 놀라게 하시고 그들로 하여금 마음의 죄악을 죽이도록 이끄신다.

　그렇지만 사람이 자신의 정욕으로 인해 주님의 속박에서 벗어나고 그분의 멍에 줄을 끊는다면, 또한 죄로 인해 주님이 주시는 깨달음을 버리고 다시 옛 생활로 돌아간다면 그 영혼은 비참한 상태에 놓이게 될 것이다. 이런 사람에게는 이루 형용할 수 없는 죄악들이 동반하게 된다. 이때 그에게 하나님이 주시는 특정한 경고의 말씀은 하나님이 그를 무한히 사랑하신다는 표지이다. 실로 하나님의 사랑에 저항하는 행위는 하나님을 경멸하는 행위이다! 그럼에도 하나님이 그런 죄인을 버리시지 않고, 분을 내어서 안식의 자리에 절대 들여보내지 않겠다고 맹세하시지 않는 것을 보면 그분의 인내가 얼마나 무한하신지 잘 알 수 있다!

위험한 죄의 징후는 이상에서 말한 것 외에도 많다. 주님이 귀신 들린 자를 고치시면서 "기도 외에는 이런 유가 나갈 수 없다"라고 하신 말씀은 정욕을 죽이는 문제에서도 적용된다. 일상적인 방법으로 죄를 죽인다는 것은 불가능하다. 오직 특별한 방법을 통해서만 죄를 죽일 수 있다. 그러므로 당신은 죄와 싸울 때 앞에서 말한 이러한 위험한 징후들이 있는지를 먼저 살펴야 한다.

다음 논의로 들어가기에 앞서, 앞에서 말한 것에 오해가 없도록 하기 위해 잠시 사족으로 주의를 주고자 한다. 물론 위에서 언급한 죄와 정욕들은 성도들에게도 일어날 수 있다. 하지만 거꾸로 그런 죄를 마음속에 가진 사람들이 모두 진실한 성도는 아니다. 앞에서 말한 죄들은 성도들이 덫에 걸려 빠져들 수 있는 죄들을 말하는 것이지, 절대 성도의 속성을 지칭하는 것은 아니다.

로마서 7장에서의 묘사는 분명히 중생한 사람의 고백을 포함하고 있다. 하지만 거기서 말하는 인간의 어두운 부분과 중생하지 못한 측면, 그리고 그 속에 존재하는 죄의 폭력과 위력을 보고나서 그런 요소들이 자신에게도 있다는 사실을 발견하고, 어떤 사람이 자신도 비록 부족하지만 중생한 사람이라고 결론을 내리는 것은 자신을 속이는 일이다.

당신이 진정으로 성도라는 증거를 원한다면 성도의 속성을 가져야 한다. 이런 속성을 가진 사람만이 "비록 성도이지만, 오호라 나는 곤고한 사람이다!"라고 말할 수 있다. 누구나 자신에 대해 곤고한 자라고 말할 수는 있다. 하지만 곤고함 속에서도 마음의 평화를 갖기 위해서는 진정으로 성도인지를 보여주는 또 다른 증거들이 있어야 한다.

방법 2. 죄의식, 죄의 위험, 죄의 사악함을 항상 인식하라

당신 마음과 양심 안에서 다음과 같은 것들에 대해 변함없는 분명한 인식이 있어야 한다. 즉 첫째는 죄의식, 둘째는 당신을 괴롭히는 죄의 위험, 그리고 셋째는 그것의 사악함을 항상 인식해야 하는 것이다.

죄의식

사람이 정욕의 지배를 받을 때 정욕은 그 사람에게 죄의식을 느끼지 못하도록 속인다. 그래서 림몬의 신당에 들어가 우상을 경배할 때 하나님도 그 정도는 봐주실 것이라고 생각하게 된다. 또한 이것은 나쁘지만 다른 악에 비해 그렇게 나쁜 것은 아니라고 구실을 대도록 한다. 하나님의 자녀들 중에도 이런 생각의 틀 속에서 행동하는 사람들이 있다. 그리고 실제로 그들 중에 어떤 사람은 무서운 죄의 함정에 빠지기도 한다!

죄가 사람의 마음을 속여 올바른 죄의식을 갖지 못하도록 하는 데에는 여러 가지 방법이 있다. 죄는 요란한 광기를 일으키며 사람의 마음을 어둡게 하고 올바른 판단능력을 흐리게 한다. 다시 말해 당혹스러운 논리, 사람을 무력하게 하는 달콤한 약속, 혼란스럽게 하는 욕망, 하나님의 자비에 대한 지나친 신뢰, 잘못된 목적으로 죄와 싸우도록 유도하는 것과 같은 방법들을 통해 비등해가는 정욕을 의식하지 못하도록 사람의 마음을 뒤흔드는 것이다. 그래서 호세아 선지자는 정욕이 절정에 이를 때 그것이 어떤 결과를 가져오는지를 이렇게 말했다. "음행과 묵은 포도주와 새 포도주가 마음을 빼앗느니라"(호 4:11). 여기서 마음이라는 단어는 성경에서 종종 판단력, 지혜, 통찰력 등을 의미한다.

죄의 정욕의 힘은 중생하지 못한 사람들에게 최고조에 달하지만 부분적으로 중생한 사람들에게도 비슷하게 역사한다. 솔로몬은 음녀에게 유혹받는 자를 어리석은 자라고 말하면서 그런 자를 "지혜 없는 자"(잠 7:7)라고 지칭했다. 그렇다면 왜 그와 같은 사람이 어리석은가? 그 이유에 대해 솔로몬은 잠언 7장 23절에서 "그의 생명을 잃어버릴 줄 알지 못함" 때문이라고 말한다. 이 어리석은 사람은 자신의 죄에 대해 의식하지 못한다.

같은 의미에서 주님은 에브라임에 대해 그의 방법이 효과가 없는 이유를 이렇게 말씀하셨다. "에브라임은 어리석은 비둘기 같이 지혜가 없어서"(호 7:11). 한마디로 에브라임은 자신의 비참하고 곤고한 상태를 이해하지 못했다. 다윗은 율법의 잔 아래서 수많은 변명 때문에 자신의 혐오스러운 죄의 추악함과 죄성을 제대로 보지 못했다.

하지만 그가 분명한 죄의식을 가졌다면 그처럼 오랫동안 죄에 사로잡혀 있지는 않았을 것이다. 그래서 나단 선지자는 다윗의 죄를 질책할 때 먼저 다윗의 모든 변명과 구실을 비유를 통해 일축했다. 그러자 비로소 다윗은 온전히 자신의 죄를 인식할 수 있었다.

이처럼 정욕은 사람의 마음을 어둡게 하여 죄를 올바로 인식하지 못하도록 방해한다. 마음을 무력하게 하기 위해 정욕이 사용하는 방법은 매우 다양하기에 여기서 그 모두를 다룬다는 것은 사실상 불가능하다. 그러므로 확실히 죄를 죽이기 원하는 사람은 먼저 자신의 마음속에 있는 죄성에 대해 올바른 판단의식을 가져야 한다. 이런 판단의식을 갖는 데 도움이 되는 몇 가지를 생각해보자.

첫째, 죄는 마음속에 은혜를 간직하고 있는 사람에게는 그 위력이 약해서 다른 사람들의 경우처럼 그를 지배하지는 못한다. 하지만 그런 사람에게도 여전히 죄성이 남아 있기 때문에 그의 죄성은 죄로 인해 더욱 악화될 수도 있다. "그런즉 우리가 무슨 말을 하리요. 은혜를 더하게 하려고 죄에 거하겠느냐. 그럴 수 없느니라. 죄에 대하여 죽은 우리가 어찌 그 가운데 더 살리요"(롬 6:1-2). 죄에 대하여 죽은 우리가 어찌 그렇게 할 수 있는가? 여기서 강조하는 것은 '우리'라는 말이다. 사도 바울이 나중에 표현한 것처럼 죄를 짓지 않기 위해서 그리스도의 은혜를 받은 우리가 어떻게 그런 일을 할 수 있겠는가? 실로 우리가 그런 일을 한다면 믿지 않는 사람들보다 더 악한 사람이 되는 것이다.

실제로 그런 일을 저지른 사람들에 대해 여기서 많은 이야기는 하지 않겠다. 하지만 확실히 그런 사람들은 사랑, 자비, 은혜, 도움, 구조의 손길, 필요한 자원, 그리고 구원을 다른 사람들보다 더 많이 대적하고 자신의 죄성을 더욱 악화시키고 있다. 그러므로 당신은 이 점을 항상 명심해야 한다. 즉 은혜를 받지 않은 사람의 죄보다 은혜를 받은 사람의 죄가 더 사악하다는 점이다. 따라서 스스로 깨달아 반성해야 한다.

둘째, 하나님은 믿지 않는 사람들의 영광스러운 업적이나 하나님의 종들의 외형적인 행동보다 성도들 마음의 열망과 소원을 보시고 거기서 더 풍부한 아름다움을 느끼신다. 일반적으로 성도의 외형적인 행동은 그의 마음에 있는 은혜의 열망을 충족시키지 못하고 악에 치우치는 경향이 있다. 마찬가지로 하나님은 성도들의 마음속에 있는 정욕을, 사악한 사람들의 공개적인 악랄한 행동이나 성도들이 곧잘 외형적으로 범하는 죄보다 더 큰 악으로 여기신다. 그래서 그런 성도들의 마음을 더욱 질책하시고 그에게 더 많은 수치를 주신다. 종말에 예수 그리스도는 타락한 자녀들을 다루실 때(계 3:15), 그들의 뿌리를 감찰하시고 겉으로 하는 그들의 신앙고백을 무시하신 채 "내가 네 행위를 아노니"라고 말씀하시며, 그들의 마음이 입으로 말한 것과 다름을 지적하시고, 그들을 향해 스스로 가증스러운 존재가 되었음을 꾸짖으실 것이다. 당신은 이와 같은 사실을 깨닫고 자신 안에 거하는 죄성에 대해 분명한 인식을 갖기 위해 노력해야 한다. 그래서 마음을 약화시키거나 변명하게 하는 생각을 청산하고 죄가 힘을 발휘하지 못하도록 해야 한다.

죄의 위험들

첫째, 히브리서 3장 12~13절에서 바울은 죄의 속임수로 인해 우리가 강퍅해질 수 있음을 다음과 같이 지적했다. "형제들아, 너희는 삼가 혹 너희 중에 누가 믿지 아니하는 악한 마음을 품고 살아 계신 하나님에게서 떨어질까 조심할 것이요, 오직 오늘이라 일컫는 동안에 매일 피차 권면하여 너희 중에 누구든지 죄의 유혹으로 완고하게 되지 않도록 하라." 이 말씀의 핵심은 주의하고 모든 수단을 동원해서 자신의 시험을 깊이 생각하고 경계를 늦추지 말라는 것이다. 죄는 속임수를 통해서 우리의 마음을 강퍅하게 하고 하나님을 경외하지 못하도록 유혹한다.

여기서 강퍅함이란 완고함이라는 뜻이다. 실로 죄의 지향점은 바로 이런 완고함이다. 그러므로 모든 정욕은 발전해서 사람을 완악하게 만든다. 한때 온유했고 하나님의 말씀과 고난을 통해서 부드러워졌던 사람이 정욕으로 인해, 불경스러운 표현을 빌리자면 더는 설교 말씀이나 질병 앞에서도 찔림을 받지 않고 완고해진다. 또한 과거에 하나님의 사랑을 확신했고 죽음에 대한 생각과 하나님의 존전 앞에서는 일로 두려워했던 사람이 마음의 완악함으로 인해 더는 그런 생각들에 동요되지 않는다. 그는 자신의 영혼 상태와 죄에 대한 지적을 당해도 전혀 개의치 않는다. 그리고 기도, 말씀 읽기, 예배와 같은 책임을 유기한다. 그러면서 그의 마음은 전혀 가책을 느끼지 못한다. 이런 상태에서 그에게 죄는 매우 하찮은 것이 되어 그것을 아무렇지 않게 여긴다.

죄가 이렇게 자라나면 그 종착지는 어디인가? 한마디로 참담한 상태이다. 다시 말해 죄, 은혜, 그리스도의 피, 율법, 천국과 지옥 등에 대해서 거의 생각하지 않는 상태에 이르게 된다. 그런 상태는 생각만 해도 끔찍하지 않은가? 그러므로 주의하라. 당신의 정욕이 노리는 것은 바로 이것이다. 심지어 정욕은 마음을 강퍅하게 하고 양심을 마비시켜 생각을 어둡게 하고 감정과 영혼을 속인다.

둘째, 죄의 위험은 죄가 이 세상에서 하나님의 징계를 불러일으킨다는 데 있다. 성경은 이 징계를 복수, 심판, 그리고 처벌이라고 말한다. "만일 그의 자손이 내 법을 버리며 내 규례대로 행하지 아니하며 내 율례를 깨뜨리며 내 계명을 지키지 아니하면 내가 회초리로 그들의 죄를 다스리며 채찍으로 그들의 죄악을 벌하리로다. 그러나 나의 인자함을 그에게서 다 거두지는 아니하며 나의 성실함도 폐하지 아니하며"(시 89:30-33). 하나님은 당신 마음속에 있는 불경한 죄로 인해 당신을 완전히 버리지는 않지만 그분의 막대기를 통해 당신을 징계하신다. 즉 하나님은 당신을 용서하시지만 당신이 지은 죄에 대해서는 벌을 내려 그 결과에 책임지도록 하신다는 것이다.

다윗이 당한 고난을 기억해보라. 다윗이 압살롬을 피해 광야로 피신했던 일을 생각하고, 그에게 향한 하나님의 징계의 손길을 숙고해보라. 하나님이 분노에 의해 당신의 아이를 죽이고, 당신의 재산을 파괴하며, 당신의 뼈를 사르고, 당신을 죽이고 파멸시키며, 당신을 어둠 속에 가두었다면 당신은 그것을 대수롭지 않게 여길 수 있겠는가? 하나님이 당신 때문에 다른 사람들을 벌하고 죽일지라도 당신은 아무렇지도 않게 여길 수 있겠는가? 그렇다고 나의 말을 오해하지는 말라. 하나님이 자신의 백성을 항상 그런 분노로 대하신다는 뜻은 아니다. 여기서 내가 말하고자 하는 핵심은 하나님이 당신을 그와 같은 식으로 다루어 당신의 양심으로 하여금 당신의 죄를 증거하게 만들 때 그 하나님의 징계의 손길은 당신 영혼에 매우 큰 고통이 된다는 사실이다. 그럼에도 이런 것들을 두려워하지 않고 계속 죄를 짓는다는 것은 당신은 이미 강퍅함에 사로 잡혀 있다는 방증이다.

셋째, 죄의 정욕의 위험은 사람의 일생 동안 평화와 힘을 빼앗아 갈 수 있다는 데 있다. 하나님과 화평을 누리고 그분 앞에서 동행할 수 있는 힘을 얻는 것은 은혜 언약의 위대한 약속이다. 바로 이와 같은 평화와 힘을 통해서 우리 영혼은 삶을 얻는다. 만약 그런 것들이 없다면 우리 삶은 죽은 것이나 마찬가지다. 하나님과 화평 가운데서 우리가 그분의 얼굴을 보지 못하고 하나님과 동행하는 힘을 상실한다면 그런 삶은 우리에게 더는 의미가 없다. 정욕을 죽이지 못할 때 그 정욕은 영혼에게서 이처럼 평화와 힘을 빼앗아간다. 이 진리를 우리는 다윗의 경우에서 극명하게 볼 수 있다. 다윗은 종종 죄로 인해 자신의 뼈가 쇠하며, 자신의 영혼이 불안하고, 자신의 상처가 중하다는 사실을 고백했다!

또 다른 예로 이사야 선지자는 이렇게 말했다. "그의 탐심의 죄악으로 말미암아 내가 노하여 그를 쳤으며 또 내 얼굴을 가리고 노하였으나"(사 57:17). 하나님이 얼굴을 가려 그분의 얼굴을 보지 못하는 영혼에게 무슨 평화가 있을 수 있겠는가? 또한 하나님으로부터 징계의 채찍을 받은 영혼이 무슨 힘이 있겠는가? "그들이 그 죄를 뉘우치고 내 얼굴을 구하기까지 내가 내 곳으로 돌아가리라. 그들이 고난받을 때에 나를 간절히 구하리라"(호 5:15). 하나님이 그들을 떠나서 자신의 얼굴을 숨기신다면 어떻게 그들이 하나님으로부터 평화와 힘을 기대할 수 있겠는가? 당신이 한 번이라도 하나님과 평화를 맛보고 하나님의 분노를 두려워했다면, 그리고 한 번이라도 하나님과 동행하기 위해서 필요한 힘을 체험하고 자신의 연약함 앞에서 기도로 슬퍼하며 괴로워한 적이 있었다면 당신의 머리맡에 가까이 있는 이 죄의 위험성을 깊이 생각하기 바란다.

조금 지나면 당신은 하나님의 얼굴을 더는 보지 못할 수도 있다. 아마도 내일쯤이면 당신은 기쁨과 활기를 거의 잃은 채 기도, 성경 읽기, 설교 듣기 등과 같은 의무를 억지로 수행하게 될지도 모른다. 그리고 아마도 그 이후에 당신 삶은 고요한 평화를 전혀 맛보지 못할지도 모른다. 그래서 당신의 생애 동안 당신의 뼈는 고통과 두려움으로 채워지게 될 수도 있다. 확실히 하나님은 자신의 화살을 당신에게 쏘아 고통과 불안, 두려움, 그리고 혼란을 갖도록 하실 것이다. 그래서 당신은 자신뿐만 아니라 다른 사람들에게 저주거리와 놀림거리가 될지도 모른다.

또한 하나님은 당신에게 매 순간 지옥과 분노를 보여주시고, 하나님이 당신을 얼마나 미워하는지 깨닫게 하여 당신을 놀라게 하실지도 모른다. 그 결과 당신의 상처는 마르지 않고 계속 흘러 당신의 영혼은 위안받기를 거절하게 될 것이다. 오히려 당신은 살기보다 죽고

자 할 것이며, 당신 영혼은 스스로 목매어 자살하려고 할 것이다. 하나님은 당신을 완전히 파멸시키지 않을지라도 당신을 그런 상황으로 몰아넣어 당신의 파멸을 생생하게 목도하도록 만들 수 있다는 사실을 명심하라. 당신은 이런 사실을 항상 숙지하고, 그와 같은 상태의 의미가 무엇인지 깨달으라. 또한 이런 생각을 통해 두려움과 떨림으로 항상 깨어 있으라.

넷째, 죄는 사람을 영원히 파멸시킬 수 있는 위험을 갖고 있다. 이 점을 제대로 논의하기 위해 우리는 먼저 다음과 같은 사실에 주목해야 한다. 즉 계속 죄를 짓는 삶은 필연적으로 영원한 파멸을 가져오기 때문에 그런 삶을 사는 사람들의 경우, 설사 하나님이 구원해주기를 원하다 할지라도 그들을 영원한 파멸에서 건져낼 수는 없다. 사람이 계속해서 죄의 권세 아래 있다면 하나님으로부터 영원한 분리와 파멸의 위협이 그들을 사로잡게 된다. 이 점을 히브리서 3장 12절과 히브리서 10장 38절이 잘 말해주고 있다. "형제들아 너희는 삼가 혹 너희 중에 누가 믿지 아니하는 악한 마음을 품고 살아 계신 하나님에게서 떨어질까 조심할 것이요." "나의 의인은 믿음으로 말미암아 살리라. 또한 뒤로 물러가면 내 마음이 그를 기뻐하지 아니하리라 하셨느니라."

결국 하나님의 규칙은 이와 같다. 즉 하나님을 떠나 불신앙을 통해 다시 죄악의 길로 돌아선 영혼은 하나님이 기뻐하시지 않기 때문에 그가 파멸할 때까지 계속 그에게서 분노가 떠나가지 않는다는 사실이다. 갈라디아서 6장 8절은 이 진리를 명확하게 말하고 있다.

"자기의 육체를 위하여 심는 자는 육체로부터 썩어질 것을 거두고 성령을 위하여 심는 자는 성령으로부터 영생을 거두리라."

앞에서 묘사한 것처럼 타락한 죄의 권세 밑으로 다시 들어가 그것에 얽매이게 된 사람은 어떤 효력으로도 그를 파멸의 두려움에서 건져낼 수 없다. 또한 그는 언약에 대한 명확한 인식을 가질 수 없기 때문에 주님으로부터 파멸의 심판이 오면 그는 크게 놀라게 되고, 그것이 자신의 죄악된 행동의 종말임을 비로소 깨닫게 된다. 물론 성경이 "그리스도 예수 안에 있는 자에게는 결코 정죄함이 없나니"(롬 8:1)라고 한 말은 사실이다. 하지만 누구나 이와 같은 주장을 통해 위로받을 수 있는 것은 아니다.

그러면 어떤 사람이 그런 주장을 할 수 있는가? 그 해답은 "육신을 따르지 않고 그 영을 따라 행하는 사람"이다. 여기서 혹자는 로마서 8장 1절의 말씀은 결국 사람들에게 불신앙을 조장하는 것이 아닌가라고 반문할지 모른다. 결론적으로 말해 그렇지는 않다. 일반적으로 사람은 두 가지 측면에서 스스로를 판단한다. 첫째는 자신의 인격이고, 둘째는 자신의 행동 양식이다. 내가 지금 말하고자 하는 것은 인격이 아니라 행동 양식에 관한 판단이다. 사람은 자신의 인격에 대해 좋은 증거를 갖고 호의적인 판단을 내릴 수 있다. 하지만 더 중요한 것은 자신의 사악한 행동 양식이 파멸을 가져다준다는 사실을 판단할 줄 알아야 한다는 점이다. 이런 판단 능력이 없다면 그는 무신론자이다.

물론 사악한 행동 양식을 가진 사람들은 모두 그리스도에 대한 자신의 개인적인 관심의 증거들을 내팽개친다는 뜻은 아니다. 다만 그들이 그 증거들을 삶 속에서 지키지 못한다는 의미이다. 올바른 사람이라면 자신의 자아를 다음 두 가지 순서를 통해 정죄할 것이다. 첫째는 자신의 공과를 살펴서 자신이 하나님의 임재에 들어갈 자격이 없음을 깨닫는 것이다. 이런 깨달음은 신앙이 없는 사람에게는 불가능하며 오직 믿음을 가진 사람만이 할 수 있다. 둘째는 그 결과와 관련해서 자신의 영혼이 저주받게 될 것임을 인정하는 것이다. 이것도 모든 사람이 할 수 있는 일은 아니다. 결론적으로 성도는 자신의 사악한 행동 양식이 죽음에 이르게 한다는 사실을 판단할 줄 알아야 한다. 그래서 그런 판단을 통해 자극받고 죄에서 벗어나려고 노력해야 한다. 실로 우리 영혼이 죄의 정욕의 얽매임에서 해방되고자 한다면 이점을 숙고해야 한다.

죄의 사악함

여기서 내가 말하고자 하는 것은 죄가 현재 우리에게 끼치는 악한 점들이다. 앞에서 말한 죄의 위험은 미래에 속하는 것이지만 죄의 악은 현재와 관련된 것이다. 정욕을 죽이지 못할 때 부수적으로 동반하는 많은 악에 대해 몇 가지 살펴보기로 하자.

첫째, 죄는 성도의 마음속에 거하도록 보내진 성령을 근심하게 한다. 그래시 사도 바울은 성도들을 향해 정욕과 죄에서 떠나라고 권면할 때 그 이유와 동기를 이렇게 말했다. "하나님의 성령을 근심하게 하지 말라. 그 안에서 너희가 구원의 날까지 인치심을 받았느니라"(엡 4:30). 바울은 하나님의 성령을 근심하게 하지 말라고 말한다. 그 이유는 성령을 통해 우리가 수없이 많은 은혜를 누릴 수 있기 때문이다. 그리고 그 은혜 중에 가장 상징적 의미를 갖는 은혜는 구속의 날까지 성령이 우리에게 인치심을 주시는 은혜이다.

부드러운 사람이 친구의 무례함을 보고 근심하는 것처럼 성령은 죄의 정욕을 보면 근심하신다. 성령은 부드럽고 사랑 가득한 모습으로 우리 영혼의 소원을 이루어주시기 위해 우리 안에 내주하신다. 이때 우리가 물리쳐야 할 대적을 여전히 마음속에 간직하고 있다면 성령은 그것을 보고 근심하신다. 우리에게 어떤 고통과 근심도 주시지 않는 성령(애 3:33)을 우리가 매일 삶 속에서 근심하게 한다면 정말 배은망덕한 일이 아니겠는가! 바울은 우리의 죄악이 하나님을 얼마나 노하게 하는지를 묘사하기 위해 때때로 성령이 "마음속으로 근심한다" 또는 "괴로워한다"라는 표현을 사용했다.

당신 영혼에 은혜로운 정직함이 있고 죄의 속임수로 완전히 강퍅해져 있는 것이 아니라면 깨달음을 얻기 위해 다음의 사실을 명심하라. 즉 당신이 누구이며 무엇인지, 그리고 근심하게 된 성령은 무엇이며, 그 성령이 당신을 위해서 무엇을 했고, 당신 영혼에게 어떤 의미를 갖는지 깊이 생각해보라. 또한 성령이 당신 안에서 이루어 놓으신 일은 무엇인지 깊이 살펴보라. 그렇게 되면 당신은 곧 수치심을 느끼게 될 것이다. 하나님과 동행하는 사람들이 마음과 생각을 항상 정결하게 하고 모든 영역에서 거룩함을 지키려고 노력하는 가장 큰 이유는, 그들 속에 거하여 그들을 하나님의 성전으로 만들고 그들과 만나주시는 성령 때문이다. 이 성령은 우리 안에 거하여 우리가 무엇을 갖고 즐거워하는지 주시하신다. 이때 우리가 우리의 성전을 정결하게 한다면 성령은 그것을 보고 크게 기뻐하실 것이다.

구약에서 시므리는 모세와 다른 사람들이 보는 앞에서 창녀를 회중 가운데로 데려와 이스라엘을 근심하게 한 적이 있다. 이것은 시므리가 저지른 가장 큰 죄악이었다(민 25:6). 마찬가지로 하나님의 성령이 성도 마음에 있는 성전을 정결하게 하기 위해 불꽃 같은 눈으로 살피시고 있을 때 우리가 죄의 정욕을 마음속에 데려와 마치 성도에게 당연한 일인 양 죄에게 비위를 맞추려고 한다면 이것은 정말 큰 악이 아닐 수 없다.

둘째, 죄는 예수 그리스도에게 다시 상처를 입히는 악을 행한다. 또한 우리 마음속에 있는 새사람도 그 죄를 통해 상처를 입게 된다. 실로 죄는 그리스도의 사랑의 힘을 빼앗고 대적자인 사탄의 욕망을 채워준다. 죄의 속임수를 통해 주님을 완전히 저버리는 행위는 주님을 다시 못 박는 행위와 같다. 그와 마찬가지로 주님을 멸하기 위해 왔던 죄를 다시 마음에 품는 행위도 주님께 상처를 주고 주님을 근심하게 만든다.

셋째, 죄는 이 세상에서 사람의 유용성을 말살시킨다. 그래서 죄의 지배 아래 놓인 사람은 아무리 노력할지라도 하나님의 축복을 거의 빌지 못한다. 만약 그가 설교자라면 하나님은 그의 사역의 훼방꾼이 되어 결국 그를 불구덩이 속에서 사역하도록 만드실 것이다. 그 결과 하나님의 일을 하면서도 그는 실제로 아무런 성취도 이루지 못하게 된다. 이것은 다른 상황에서도 마찬가지다. 실로 이 세상은 신앙을 공언하지만 스스로를 괴멸시키는 불쌍한 영혼으로 가득 차 있다. 정말로 아름다운 영광의 빛 속으로 걸어가는 사람들은 매우 극소수이다! 대부분의 사람들은 황폐하여 거의 쓸모없는 사람들이다.

그 원인은 여러 가지로 설명할 수 있다. 특별히 우려되는 점은 많은 사람이 마음속에 자신의 영을 삼키는 정욕을 계속 품고 있다는 사실이다. 이들의 정욕은 벌레처럼 순종의 저변에 기생하여 매일매일 순종을 갉아먹는다. 그래서 은혜의 효력을 증진시키는 은혜의 모든 수단과 방편을 손상시킨다. 이때 하나님도 그런 이들을 방해하여 그들의 일이 성공하지 못하도록 역사하신다.

다음에서는 우리 영혼에 습관이 되어 있는 정욕과 대항하는 방법에 관해 논의할 것이다. 결론적으로 당신은 앞에서 언급한 죄의 위험과 죄의 악들을 계속 염두에 두어야 한다. 그것들에 대해 잠시라도 생각을 멈추어서는 안 된다. 그러한 죄에 대한 생각으로 당신 영혼이 강력한 도전을 받고, 당신 마음이 떨릴 때까지 계속 죄의 속성들을 묵상해야 한다.

방법 3. 내면 깊은 곳의 양심으로 죄를 느끼라

단순히 죄의식을 가졌다는 것으로는 불충분하다. 실제적으로 일어나는 죄의 분출과 동요를 보고 당신 양심은 괴로워해야 한다. 이 점을 더욱 확실히 하기 위해서 다음과 같은 조치가 필요하다.

점점 구체적으로 죄를 느끼라.

첫째, 정직하고 거룩한 율법의 관점에서 당신 안에 나타나는 죄를 양심으로 느껴야 한다. 하나님의 율법을 당신 양심에 가져와 타락한 당신 성품을 율법 아래서 점검해야 한다. 그리고 그 율법을 통해 자극받기를 기도해야 한다. 율법이 갖는 거룩함과 영성, 불같은 엄격함과 절대성, 그리고 내면성을 생각하고, 당신이 그 앞에서 어떻게 설 수 있는지를 살펴보라. 율법 안에서 주님이 얼마나 무서운 분이신지를 양심으로 크게 느끼라. 그리고 공의를 이루기 위해서는 당신의 범죄가 마땅히 응분의 대가를 치러야 한다는 사실을 양심으로 깨달으라. 아마도 당신의 양심은 그러한 생각을 회피하기 위해 다음과 같은 변명과 핑계를 늘어놓을지 모른다. 즉 율법의 정죄의 능력은 자신에게는 해당되지 않기 때문에 자신은 율법에서 자유롭다는 주장이다. 또한 당신은 율법에 순응하지는 않지만 적어도 그것으로 인해 자신이 괴로워할 필요가 없다는 것이다.

하지만 당신 마음속의 정욕이 아직 죽지 않는 한 당신 양심을 정죄하는 죄의 능력에서 자유로울 수는 없다. 이 사실을 인정한다면 율법은 당신에게 그동안 당신을 속여 왔던 죄의 징체를 보여줄 것이다. 이때 당신은 자신이 타락한 존재임을 깨닫게 될 것이다. 따라서 당신 안에서 율법이 말하는 것을 심사숙고하는 일이 급선무이다. 은밀한 마음 깊은 곳에서 율법의 정죄의 능력에서 자유롭다고 항변하고 죄와 정욕에 대해 별로 신경을 쓰지 않는 사람은 복음의 입장에서 볼 때 비록 겉으로는 그런 행색을 낼지라도 그는 절대 그런 영적인 증거들을 가질 수 없다.

더욱이 율법은 하나님으로부터 위임장을 받아 죄인들을 잡아내고 하나님 보좌 앞으로 이끄는 역할을 한다. 이때 보좌 앞에서 죄인들은 자신을 변론해야 한다. 이것이 당신이 현재 처한 상황이다. 율법이 당신을 발견하게 되면 하나님 앞으로 당신을 끌어놓을 것이다. 거기서 당신이 용서를 구한다면 잘한 일이지만 그렇지 않다면 율법은 자신의 사명에 따라 당신을 정죄하게 될 것이다. 율법의 목적은 당신 안에서 죄를 발견하고 그 죄에 대해 당신 영혼을 일깨워 겸손하게 하는 데 있다. 한마디로 그것은 죄를 반사시켜주는 거울이다. 여기서 당신이 자신의 죄를 대면하기를 거절한다면 그것은 믿음의 행위가 아니라 당신의 마음이 강퍅하고 죄의 속임수에 넘어갔다는 증거가 된다.

실로 신앙을 공언했던 많은 사람이 이와 같은 과정을 거쳐 배교했다. 그들은 율법에서 자신이 해방된 사람처럼 자부하고 율법의 안내를 전혀 받지 않았다. 그 결과 그들은 율법을 통해 자신의 죄를 판단하기를 거부했다. 그래서 이런 태도를 통해 조금씩 죄의 원리가 그들 안에 파고들어 그들의 실제적인 이해력에 영향을 미치고 그것을 사로잡게 되자 그들의 의지와 감정은 불경한 모든 죄에 노출되고 말았다.

나는 이상의 논의를 토대로 정욕과 타락에 관해서 주님의 이름으로 말하는 율법의 소리에 당신 양심이 부지런히 귀 기울일 것을 촉구한다. 실로 당신의 귀가 열려 있다면 율법의 소리에 당신은 떨림으로써 땅에 엎드려지고, 당신의 내면은 놀람으로 가득 차게 될 것이다. 당신이 진정으로 타락한 행동을 죽이고자 한다면 당신 양심을 율법에 묶어 율법에서 핑계를 대고 벗어나지 못하도록 해야 한다. 그리고 철저히 죄를 인식하고 다윗이 말한 것처럼 "내 죄가 항상 내 앞에 있나이다"(시 51:3)라고 고백할 수 있어야 한다.

둘째, 당신은 당신의 정욕을 복음의 빛 속에서 조명해야 한다. 이것은 복음에서 위안받기 위함이 아니라 더욱 자신의 죄를 인식하기 위함이다. 당신이 찌른 주님을 바라보고 비통해 하라. 그리고 당신 영혼에게 이렇게 말하라.

"내가 무엇을 했는가? 내가 어떻게 그 큰 사랑과 자비, 보혈, 은혜를 경멸하고 짓밟았는가! 하나님 아버지의 사랑과 아들 하나님의 피, 그리고 성령의 은혜에 대한 보답이 이런 것이었는가? 나는 결국 이런 식으로 주님께 보상했는가? 그리스도의 죽음을 통해 씻음받고 성령이 내주하게 된 나의 마음을 이런 식으로 내가 더럽혔단 말인가? 나는 이 더러운 먼지에서 벗어날 수 있는가? 사랑의 주 예수님께 나는 무엇이라고 말할 수 있겠는가? 어떻게 그분 앞에서 뻔뻔스럽게 머리를 들 수 있겠는가? 그분과의 교제를 너무나 소홀히 다루어 나의 정욕으로 인해 나의 마음속에 그분의 설 자리가 사라진 것은 아닌가? 이 큰 구원을 무시한 내가 어떻게 심판을 회피할 수 있단 말인가? 마음속에 정욕을 품기 위해서 사랑, 자비, 은혜, 선하심, 평화, 기쁨, 위로 등을 모두 저버리고 그것들을 너무나 하찮게 여긴 것은 아닌가? 하나님 아버지의 도움을 받았던 내가 오히려 그분의 얼굴 앞에서 그분을 노하게 했단 말인가? 나의 영혼이 씻김을 받았던 이유가 단지 새로운 죄를 짓기 위함이었는가? 나는 그리스도의 죽음의 목적을 훼손시키는 행동을 계속할 것인가? 나의 구속의 날까지 인치심을 주는 성령을 매일 근심시킬 것인가?"

그리고 매일 당신 양심에게 이렇게 약속하라. "죄로 악화되기 전에 죄에 맞서 양심을 세우겠다!" 만약 당신이 이렇게 다짐하지 않는다면, 두렵건대 당신은 매우 위험한 상황에 놓이게 될 것이다.

구체적인 은혜와 죄성을 숙고하라.

다음으로 당신을 향한 하나님의 구체적인 방법에 대해 생각해보자. 복음의 일반적인 은혜 가운데는 구원, 칭의 등과 같은 것이 있다. 마찬가지로 당신은 그 은혜들이 구체적으로 당신 영혼에서 어떤 사랑을 베풀었으며, 그 사랑을 저버린 당신의 타락한 죄성이 구체적으로 무엇인지를 생각해봐야 한다.

첫째, 특별히 당신을 향한 하나님의 무한한 참으심을 고찰해야 한다. 만약 하나님이 당신의 죄를 보고 당신을 이 세상의 수치거리와 영원한 분노의 대상으로 만들려고 하셨다면 어떤 조치를 취하셨을지 숙고해보라. 또한 당신이 때때로 그분께 어떻게 거짓을 행하며 반역했는지, 그리고 당신 입술로 하나님께 아첨하면서 당신이 지금 추구하는 죄를 통해 그 모든 약속과 맹세를 어떻게 저버렸는지 생각해보라. 또한 그런 식으로 당신이 그분의 인내를 시험할지라도 주님이 때때로 당신을 용서해주셨다는 사실을 깨달으라. 실로 당신은 아직도 그분께 대항해서 죄를 지을 것인가? 여전히 그분을 싫증나게 하고 주님께 당신의 타락한 행위에 동조하도록 계속 종용할 것인가?

　당신은 종종 주님이 더는 당신을 참아주지 않을 것이라는 생각을 한 적이 있었는가? 그분이 당신을 버리고 더는 은혜를 베푸시지 않을 것이며, 그분의 인내가 한계에 도달해 이제 지옥과 분노가 당신을 기다리고 있다고 생각한 적이 분명 있었을 것이다. 그러나 주님은 당신의 예상을 깨고 사랑으로 그런 당신을 지금까지 대해주셨다. 이런 은혜에도 불구하고 여전히 당신은 그분의 영광의 눈을 화나게 하는 일을 계속할 것인가?

　둘째, 죄의 속임수로 인해 거의 강퍅해진 당신이었지만 하나님은 자신의 무한하고 풍부하신 은혜로 당신을 회복시키고 그분과 다시 교제할 수 있도록 자주 역사하셨다! 그동안 당신 안에 있는 하나님의 은혜는 점점 쇠퇴해갔고, 당신이 의무, 규율, 기도, 그리고 묵상 등과 같은 일에 흥미를 잃었었다는 사실을 당신도 인정하지 않는가? 또한 무절제하고 방탕한 삶이 기승하고, 거의 회복 불가능할 정도로 죄에 얽매였었다는 사실을 당신도 알고 있지 않는가? 더구나 당신은 하나님이 혐오하시는 악한 계층의 무리와 어울려 그런 일들을 즐거워하며 행했다는 사실을 알고 있다. 그런데도 마음을 강퍅하게 하기 위해 그런 일을 대범하게 계속할 것인가?

셋째, 하나님이 은혜의 섭리 가운데 당신에게 베푼 구원, 고통, 자비, 즐거움 등은 모두 나름대로 목적이 있다. 그러므로 당신은 그런 하나님의 섭리를 통해 당신 양심에 죄의식의 짐을 지워야 한다. 그리고 당신 안에 거하는 타락한 죄들로 인해 그 상처를 인식하고, 주님 앞에서 먼지를 뒤집어쓴 채 석고대죄하며 철저히 괴로워해야 한다. 이와 같이 하지 않는다면 당신은 절대 구원을 받지 못할 것이다. 당신 양심이 죄의식을 희석시킨다면 당신 영혼은 죄를 죽이려고 결코 힘쓰지 않을 것이다.

방법 4. 죄의 권세에서
해방되기를 끊임없이 갈망하라

일단 죄를 심각하게 인식하게 되면 그 죄의 권세에서 해방되기 위해 끊임없이 갈망해야 한다. 한순간이라도 당신의 마음속에 현재 상태에 만족하려는 생각이 있어서는 안 된다. 세상적인 갈망은 사람으로 하여금 추구하는 대상에 이르도록 자극할 뿐, 그 외에는 아무런 가치나 효과도 발휘하지 못한다. 하지만 영적인 갈망은 다르다. 영적인 구원을 갈망하는 행위는 그 자체가 은혜이며, 영혼으로 하여금 그것이 추구하는 대상을 닮도록 강력한 힘을 발휘한다. 그러므로 사도 바울은 하나님의 뜻 안에서 고린도 교인들이 행하는 회개와 슬픔을 언급할 때 그들의 갈망은 그 자체가 역사하시는 하나님의 은혜라고 표현했다.

그렇다면 자기 안에 거하는 죄와 그 능력에 대해서 바울은 어떤 태도를 취했는가? 실로 그의 마음은 구원받기 위한 열렬한 갈망으로 충만해 있었다. 바울처럼 위대한 성인도 자신의 죄에 대항하고자 하는 강력한 열망이 있었다. 그런데 특정한 정욕의 광기와 권세로 당신이 그런 영적 열망을 희석시킨다면 어떻게 강력한 열망을 기대할 수 있겠는가? 죄에서 해방되고자 하는 열망이 없다면 당신은 절대 구원받을 수 없다.

이 점을 진실로 깨닫는다면 당신 마음은 경계심을 갖고 대적자와 싸우기 위해 자신에게 유리한 모든 수단과 기회를 강구해야 한다. 그리고 적을 물리치기 위해 주어지는 모든 도움을 사용해야 한다. 강력한 열망은 성도들에게 명령으로 주어진 "항상 기도하라"는 말의 본뜻이기도 하다. 강력한 열망을 가져야 하는 가장 큰 이유는 그런 열망을 통해 우리 믿음과 소망이 힘을 발휘하게 되고, 우리 영혼이 하나님을 향해 움직일 수 있기 때문이다. 그러므로 당신 마음속에서 항상 갈망하는 자세를 굳게 지켜야 한다. 그리고 바라고 울부짖어야 한다. 당신은 그런 다윗의 예를 잘 알고 있을 것이기에 더는 말하지 않겠다.

방법 5. 성품에 죄가
뿌리를 내리고 있는지 살피라

당신을 혼란에 빠뜨리는 죄가 당신의 성품에 침

투하여 뿌리를 내리고, 당신의 체질로 정착하여 세력을 확산시키고 있는지 주의 깊게 살펴야 한다. 확실히 어떤 죄는 사람들의 기질과 성향으로 굳어져 있는 것을 볼 수 있다. 그런 경우에는 다음과 같은 점들을 조심해야 한다.

죄를 무조건 자신의 기질 탓으로 돌리지 말라.

어떤 사람은 불경스럽게도 공개적으로 자신의 죄를 자신의 기질이나 성향 탓으로 돌리려고 한다. 하지만 그런 식으로 그들이 죄책감에서 해방될 수 있을지는 두고 볼 일이다. 결론적으로 말해 우리의 성품이 타락하고 부패했기 때문에 우리의 천성적인 기질에 죄의 자양분이 자리 잡고 있는 것이다. 다윗은 자신의 죄가 줄어들지 않고 계속해서 죄를 짓는 이유를 "내가 죄악 중에서 출생하였음이여 어머니가 죄 중에서 나를 잉태하였나이다"(시 51:5)라고 말했다. 당신이 특정한 죄의 성향을 가졌다는 것은 당신 성품 안에 정욕이 특정한 모습으로 분출되고 있다는 뜻이다. 그리고 그런 분출로 인해 당신은 수치를 당하는 것이다.

죄의 성향은 사탄에게 유리하게 작용한다.

따라서 하나님과 동행하는 삶과 관련해서 주시해야 할 점은 이와 같은 당신 죄의 기질과 성향으로 인해 사탄과 죄가 매우 유리한 상황을 선점하고 있다는 것이다. 그래서 당신에게 각별한 경각심과 주의, 그리고 부지런함이 없다면 그들이 당신 영혼을 확실히 잡아 삼킬 것이다. 실로 수많은 사람이 이와 같은 이유로 서둘러 지옥으로 떨어졌다. 만약 그렇지 않았다면 지옥으로 가는 그들의 행보는 하나님을 덜 자극하고, 어느 정도 해악을 덜 끼치면서 천천히 진행되었을 것이다.

하나님의 방법으로 몸을 복종시키라.

천성적인 성품에 뿌리를 둔 죄성을 우리가 어떻게 죽일 것인가 하는 방법은 이미 앞에서 어느 정도 논의했고 앞으로도 계속 논의할 것이다. 하지만 여기서 추가로 그것을 위해 아주 특별한 방법을 소개하고자 한다. 그것은 사도 바울의 방법으로 "내가 내 몸을 쳐 복종하게"(고전 9:27) 한다는 것이다. 몸을 복종시키는 행위는 죄를 죽이기 위한 하나님의 명령이다. 이것은 죄의 천성적인 뿌리를 억제하고 죄의 기름진 토양을 제거하여 그것을 시들게 하는 것이다.

로마 가톨릭 교도들은(이들은 그리스도의 의와 성령의 사역에 대해 문외한이며 죄의 본질과 죄를 죽이는 일이 무엇인지 알지 못한다) 죄를 죽이는 문제를 오직 봉사와 고행을 자청하여 자신의 육체를 복종시키는 일로만 해석한다. 때문에 이들의 유혹으로 많은 사람이 하나님께서 직접 정하신, 소위 마련하신 방법을 무시한다. 하지만 몸을 복종시키기 위해 금식과 철야기도 등과 같은 방법으로 천성적인 욕구를 죽이는 일이 하나님께서 보시기에 합당하기 위해서는 다음과 같은 조건이 충족되어야 한다.

첫째, 자신의 몸을 외형적으로 손상시키고 약화시키는 행위 자체가 어떤 위력이 있거나, 그런 행위를 통해 자동적으로 죄가 죽을 것이라고 생각해서는 안 된다(그렇게 되면 우리는 죄의 규율의 속박으로 다시 돌아가게 된다). 대신 우리는 그런 행위가 죄의 천성적인 뿌리를 무력화시키기 위한 단순한 수단임을 인식해야 한다. 이것을 인식하지 않을 때 사람은 자신의 몸뿐만 아니라 영혼까지 쇠약하게 할 수 있다.

둘째, 금식이나 철야기도와 같은 수단들이 그 자체에 어떤 마술적인 힘이 있기 때문에 죄를 죽일 수 있다고 생각해서는 안 된다. 정말로 그러한 효과가 있다면 이 세상의 중생하지 않은 사람도 성령의 도움 없이 죄를 죽일 수 있게 된다. 이런 수단들은 성령께서 자신의 사역을 수행하기 위해서 때때로 사용하는 도구에 불과한 것이다. 가톨릭 교도들은 중생에 관한 올바른 인식이 없기에 그와 같은 사실을 고려하지 않는다. 그러므로 그들이 죄를 죽이기 위해 취하는 행동은 성도들에게 적용될 수 있는 것이라기보다 들판의 말이나 짐승들에게나 적용될 수 있는 것들이다.

앞의 논의를 요약한다면, 죄가 우리의 천성적인 기질이나 성향에 뿌리를 내리고 있는 상황에서 우리 영혼이 해야 할 일은 그리스도의 피와 성령에 의지해서 하나님의 방법으로 그와 같은 죄의 천성적인 뿌리들을 억제하도록 노력해야 한다는 것이다.

방법 6. 죄에 대항하여
항상 깨어 있으라

당신은 죄가 어떤 때에 힘을 발휘하고, 그것이 어떤 상황에서 자신에게 유리한 쪽으로 세력을 펼치는지 고찰하고, 항상 죄에 대항하여 깨어 있어야 한다. 주님이 제자들에게 "깨어 있으라"(막 13:37)고 당부하신 말씀처럼 깨어 있는 것은 실로 우리의 의무이다. 누가복음 21장 34절은 깨어 있는 삶에 대해서 이렇게 말씀한다. "너희는 스스로 조심하라. 그렇지 않으면 방탕함과 술취함과 생활의 염려로 마음이 둔하여지고." 한마디로 타락한 성품의 분출을 막기 위해서 깨어 있어야 한다는 지적이다. 다윗은 이 의무를 스스로 실천하려고 노력했다. "또한 나는 그의 앞에 완전하여 나의 죄악에서 스스로 자신을 지켰나니"(시 18:23). 그는 자신의 부정한 모든 행동 양식과 죄를 대적하기 위해 깨어 있었다. 이것이 바로 주님께서 우리를 부르시고 우리에게 행위를 돌아보라고 명하신 말씀의 의미이다.

한편 당신은 죄가 활개를 칠 때는 어떤 상황이며, 그것이 어떤 요소와 어떤 기회를 만날 때, 그리고 어떤 조건이 충족될 때 유리하게 전개되는지 생각해야 한다. 그래서 그런 것들을 주시하고 대항해야 한다. 육체의 질병을 당할 때 사람들은 자신에게 해로운 음식이나 공기, 그리고 환경 등을 피하게 된다. 영혼의 질병은 육체의 병보다 더 중요하지 않는가? 죄의 상황을 대수롭지 않게 여기고 오히려 즐기는 사람은 결국 죄를 짓게 된다. 이 사실을 명심하기 바란다. 죄

유혹의 모험에 빠져드는 사람은 결국 죄를 지을 수밖에 없다.

방법 7. 처음부터 죄에 대해
결사적으로 대항하라

죄의 모습이 처음 나타날 때 당신은 그것에 대해 결사적으로 대항해야 한다. 그 죄가 당신 마음 밭에 절대 서지 못하도록 항거해야 한다. "이 죄는 여기까지만 진행되고 더는 진척되지 않을 것이다"라고 말하며 자신을 속여서는 안 된다. 죄는 일단 한 걸음을 내딛으면 그다음 발걸음을 취한다. 죄가 진행되지 못하도록 그것을 묶어둔다는 것은 거의 불가능하다. 그것은 마치 강바닥에 흐르는 물과 같다. 그래서 죄가 일단 자리를 잡게 되면 물줄기처럼 자신의 경로를 따라 멈추지 않고 계속 흐른다. 그러므로 분출된 죄를 더는 진행되지 못하도록 막는 일보다 차라리 처음부터 그것을 원천봉쇄하는 일이 더 쉽다. 야고보는 우리에게 죄를 처음부터 막아야 한다는 사실을 지적하기 위해 죄가 어떻게 단계적으로 진행되는지를 잘 설명해주었다. "오직 각 사람이 시험을 받는 것은 자기 욕심에 끌려 미혹됨이니 욕심이 잉태한즉 죄를 낳고 죄가 장성한즉 사망을 낳느니라"(약 1:14-15).

혹시 당신 생각이 타락한 죄로 인해 물들려는 조짐이 있는가? 만약 그렇다면 그 죄가 목적을 달성할 때 나타나는 결과를 생각하고 미리 사력을 다해 싸우라. 당신에게 정결하지 못한 생각들이 어떤 결과를 가져오는지 숙고하라. 확실히 그것들은 당신으로 하여금 어리석음과 더러움에 처하도록 만들 것이다. 또한 시기심의 종말이 무엇인지를 생각하라. 결국 그 종착지는 살인과 파괴이다. 이런 죄가 당신을 비천하게 만든다는 사실을 인식하고 더욱 강렬히 그것들에 대항하라. 이런 투쟁의 자세 없이는 절대 승리할 수 없다. 죄가 일단 감정을 사로잡아 당신이 죄를 기뻐하게 된다면 죄는 다시 이성에 침투하여 죄를 가볍게 여기도록 조종할 것이다.

방법 8. 자신의 사악함을 깨닫고 겸손하라

자신의 사악함을 깨닫고 겸손한 자세를 유지하기 위해서는 항상 다음과 같은 사실을 깊이 묵상해야 한다.

하나님의 탁월한 위엄을 묵상하라.

하나님의 탁월한 위엄을 묵상하면서 그것에 비해 너무나 동떨어진 자신의 초라한 모습을 생각해보라. 이와 같은 생각을 많이 하게 되면 당신은 자신의 사악함을 깨닫게 되고 속에 거하는 죄의 깊은 뿌리를 잘라낼 수 있다. 욥은 하나님의 위대하심과 탁월하심을 마침내 목도하게 되었을 때 수치심으로 자신을 부정할 수밖에 없었다. "내가 주께 대하여 귀로 듣기만 하였사오나 이제는 눈으로 주를 뵈옵나이다. 그러므로 내가 스스로 거두어들이고 티끌과 재 가운데에서 회개하나이다"(욥 42:5-6). 하나님의 위대하심을 나중에 깨달았던 하박국 선지자는 어떠했는가? 하박국 3장 16절을 보라. "내가 들었으므로 내 창자가 흔들렸고 그 목소리로 말미암아 내 입술이 떨렸도다. 무리가 우리를 치러 올라오는 환난 날을 내가 기다리므로 썩이는 것이 내 뼈에 들어왔으며 내 몸은 내 처소에 떨리는도다."

또한 욥은 하나님의 위엄에 대해 "북방에서는 황금 같은 빛이 나오고 하나님께는 두려운 위엄이 있느니라"(욥 37:22)고 고백했다. 이러한 하나님의 위엄과 관련해서 옛날 사람들은 하나님의 얼굴을 본 자는 모두 죽게 된다고 생각했다. 성경은 사람의 비천한 상태를 깨닫도록 하기 위해 하나님과 비교하여 이 땅의 인간들을 '메뚜기' '헛된 것' 또는 '티끌'로 비유했다(사 40:22-24). 마음의 교만을 제거하고 영혼을 겸손하게 하기 위해서는 자신의 비천함을 깊이 깨달아야 한다. 죄의 속임수에 항거할 때 이와 같은 생각만큼 큰 힘을 발휘하는 것도 없다. 그러면서 동시에 하나님의 위대함을 깊이 묵상해야 한다.

자신의 지식이 미천함을 묵상하라.

하나님에 대한 자신의 지식이 미천하다는 사실을 깊이 묵상하라. 비록 스스로를 낮추고 겸손할 정도의 지식은 있다 할지라도 그분에 대한 당신 지식은 정말로 초라한 것이다! 지혜로운 사람은 이와 같은 성찰을 통해 자신에 대해 다음과 같은 사실을 깨닫는다. "나는 다른 사람에게 비하면 짐승이라. 내게는 사람의 총명이 있지 아니하니

라. 나는 지혜를 배우지 못하였고, 또 거룩하신 자를 아는 지식이 없거니와 하늘에 올라갔다가 내려온 자가 누구인지, 바람을 그 장중에 모은 자가 누구인지, 물을 옷에 싼 자가 누구인지, 땅의 모든 끝을 정한 자가 누구인지, 그의 이름이 무엇인지, 그의 아들의 이름이 무엇인지 너는 아느냐"(잠 30:2-4).

이와 같은 성찰을 함으로써 우리는 교만한 마음을 낮추기 위해 노력해야 한다. 당신은 하나님에 대해서 무엇을 알고 있는가? 정말로 당신 지식은 빈약하기 짝이 없다! 속성상 하나님은 정말로 광대하신 분이다! 과연 그 영원의 심연을 당신은 두려움 없이 쳐다볼 수 있겠는가? 당신은 그분의 영광스러운 존재의 빛을 감당할 수 없다.

그리스도를 통해 아들의 신분이 되어 담대히 은혜의 보좌에 나아가면서 계속적으로 하나님과 동행하게 될 때 앞에서 말한 그런 생각이 나에게 큰 도움이 되었기 때문에 이 점을 좀 더 구체적으로 설명하고자 한다. 내가 이렇게 하는 이유는 하나님과 겸손하게 동행하기를 원하는 영혼들에게 이 생각의 필요성을 확실히 각인시켜주기 위함이다.

마음속으로 하나님의 위엄을 계속적으로 경외하기 위해서, 무엇보다 먼저 최고의 업적을 성취하며 하나님과 가장 친밀한 교제를 나눈 위인들일지라도 그들이 세상에서 가졌던 하나님에 대한 지식은 매우 보잘것없었음을 숙고해야 한다. 하나님은 모세에게 자신의 이름을 밝히셨고 언약을 통해 자신의 가장 영광스러운 속성들을 계시하셨다. 그럼에도 불구하고 모세가 본 것은 모두 하나님의 뒷모습에 불과했다(출 33:22-23, 34:5-6). 따라서 하나님에 대한 모세의 지식은 그분의 온전한 영광과 비교하면 매우 작은 것이다.

특별히 성경은 모세를 언급하는 문맥에서 하나님을 본 사람은 아무도 없다고 말씀한다(요 1:18). 사도 요한은 모세를 그리스도와 비교하고서 그 어떤 사람도, 심지어 사람 중에 가장 탁월했던 모세조차도 하나님을 보지 못했다고 진술한다. 우리는 온종일 하나님에 대해 말하고 그분과 그분의 일, 그리고 그분의 가르침에 대해 이야기할 수 있다. 하지만 진실로 그분에 대해 아는 것은 매우 적다. 그분에 대한 우리의 생각, 묵상, 그리고 표현들은 천박해서 그분의 온전함에 크게 미치지 못하기 때문에 그분의 영광을 제대로 반영하지 못한다.

혹자는 여기서 모세는 율법 아래 있었고, 하나님은 어둠 속에서 자신을 숨기시고 희미한 예표나 구름, 그리고 모호한 제도들을 통해 자신의 뜻을 나타내셨기 때문에 모세가 많은 것을 알 수 없었던 것은 당연하다고 주장할지 모른다. 그리고 지금은 복음의 영광스러운 빛으로 우리가 영생을 확실히 알게 되었고, 하나님의 생각이 직접 계시된 상황이므로 지금 우리는 하나님을 전보다 훨씬 더 명확히 알 수 있다고 말할지 모른다. 즉 우리가 모세처럼 하나님의 뒷모습만 바라보는 것이 아니라 그분의 얼굴까지도 그대로 대면할 수 있다는 주장이다.

하나님이 자기 아들을 통해 우리에게 말씀하신 이후 하나님에 대한 우리의 지식과 옛날 율법 아래에서 성도들이 가졌던 지식 사이에는 엄청난 차이가 있음을 나도 인정한다. 물론 과거 그들의 눈은 우리 눈처럼 예리하면서 분명했고, 그들의 신앙과 영적 이해는 우리에게 뒤지지 않았으며, 우리와 마찬가지로 그들 신앙의 대상도 영광스러운 것이었다. 하지만 그럼에도 우리 시대는 그들의 시대보다 더 명확하다. 즉 구름이 걷히고 밤의 그림자가 사라졌으며 태양이 떠오르고 전보다 훨씬 분명하게 사물을 볼 수 있게 된 것이다.

모세가 하나님의 은혜로 그분을 볼 수 있었기에 그가 본 하나님은 복음의 은혜를 통해 우리가 보는 하나님과 동일한 모습이었다. 하지만 그가 본 하나님의 모습은 성경에서 하나님의 뒷부분이라고 말하는 것처럼 하나님의 온전한 속성과 비교할 때 매우 낮은 모습이다.

사도 바울은 율법의 영광에 비교해서 복음의 빛의 영광을 높이 칭송하고, 지금 어둠을 일으켰던 수건이 사라져 우리가 주님의 영광을 "수건을 벗은 얼굴"(고후 3:18)로 바라볼 수 있다고 말했다. 그러면서도 우리가 "거울을 보는 것 같이"(고후 3:18) 그분을 본다고 말했다. 그렇다면 여기서 거울을 보는 것같이 본다는 말의 의미는 무엇인가? 온전하게, 그리고 분명하게 본다는 뜻인가? 분명히 그것은 아니다. 바울은 그 의미를 이렇게 말했다. "우리가 지금은 거울로 보는 것같이 희미하나"(고전 13:12). 여기서 거울은 우리가 멀리 있는 것을 볼 수 있도록 도와주는 망원경이 아니다. 이 거울은 사물을 뚜렷하게 볼 수 있도록 하는 기능이 없다.

그러므로 이 거울이 있다고 할지라도 우리는 사물에 대해 여전히 부족한 지식을 가질 수밖에 없다. 바울이 언급한 이 거울은 사물 자체를 보여주는 것이 아니라 사물의 형상을 희미하게 반영하는 유리 거울일 따름이다. 이 거울 안에 비친 희미한 형상을 바울은 우리의 지식과 비교했다. 또한 바울은 그 거울을 통해 우리가 보는 것은 '수수께끼'로서 어둠 속에 있다고 말했다. 확실히 당시에 어느 누구보다도 분명하게 많은 것을 알았던 바울이지만 그는 우리에게 자신도 '부분적으로', 즉 천국의 실체에 대해 오직 뒷부분만을 보았다고 진술했다(고전 13:12).

또한 바울은 하나님에 대한 자신의 지식을 어린아이의 사물 지식과 비교했다. "내가 어렸을 때에는 말하는 것이 어린아이와 같고 깨닫는 것이 어린아이와 같고 생각하는 것이 어린아이와 같다가 장성한 사람이 되어서는 어린아이의 일을 버렸노라"(고전 13:11). 즉 온전함에 크게 못 미치는 부분적인 지식임을 고백한다. 확실히 이런 부분적인 지식은 나중에 없어지게 된다. 어린아이들은 처음에 추상적인 실재를 매우 빈약하고 불확실하게 이해한다. 하지만 신체와 지적 능력이 자라면서 그런 빈약한 개념은 사라지고, 그런 생각을 가졌다는 사실조차 잊어버린다.

아이들이 부모를 공경하고 신뢰하며 순종하는 것은 칭찬할 만한 일이다. 하지만 부모는 그들의 생각과 과학적 사고가 유치하고 어리석다는 사실을 잘 안다. 마찬가지로 우리가 높은 업적을 쌓아 스스로 자부할지라도 하나님에 대한 우리 생각은 그분의 무한한 온전하심에 비추어보면 정말로 유치하기 짝이 없다. 하나님에 대해 우리가 가지고 있다고 생각하는 가장 정확한 개념(이것은 순전히 우리의 생각이다)조차도 대부분 매우 불완전한 것이다. 하지만 우리가 하나님 아버지를 사랑하고, 공경하며, 믿고 순종하기에 하나님은 우리의 이런 유치한 생각을 받아주신다. 결국 우리는 그분의 뒷모습만 보기 때문에 우리의 지식은 정말로 보잘것없음을 알아야 한다.

그럼에도 우리가 고난 중에 힘을 얻고 위로를 받을 수 있는 이유는 우리가 "그의 참모습 그대로 볼 것"(요일 3:2)이라는 약속의 말씀 때문이다. 그때 우리는 "얼굴과 얼굴을 대하여 볼 것이요 지금은 내가 부분적으로 아나 그때에는 주께서 나를 아신 것 같이 내가 온전히 알리라"(고전 13:12). 이 말씀을 거꾸로 생각하면 지금 여기서 우리가 보는 것은 그분의 실제 모습이 아니라 뒷부분이며, 그것도 그분의 온전한 영광이 아니라 어둡고 희미한 형상으로 본다는 사실을 암시한다.

시바의 여왕은 솔로몬에 대한 소문을 듣고 그의 위엄을 깊이 생각했다. 하지만 실제로 이스라엘에 도착해서 그의 영광을 보았을 때 자신의 생각이 반쪽 진리였음을 깨달았다. 마찬가지로 우리도 지금 여기서 하나님에 대해 분명하고 고상한 위대한 지식을 가졌다고 자부할 수 있다. 하지만 나중에 그분의 존전 앞에 나아가게 되면 우리는 결코 그분을 제대로 알지 못했음을 소리 질러 고백하게 될 것이다. 실로 우리가 그분의 영광과 온전함, 그리고 은총의 억만분의 일도 제대로 생각하지 못했음을 깨닫게 될 것이다.

사도 요한은 우리 자신이 그때 어떻게 될 것이고, 어떤 모습으로 나타나게 될 것인지 알지 못한다고 말한다. "사랑하는 자들아 우리가 지금은 하나님의 자녀라. 장래에 어떻게 될지는 아직 나타나지 아니하였으나 그가 나타나시면 우리가 그와 같을 줄을 아는 것은 그의 참모습 그대로 볼 것이기 때문이니"(요일 3:2). 하물며 우리가 하나님이 어떤 분이시며 어떤 모습으로 나타나시게 될지 어떻게 알 수 있겠는가? 하나님이 어떻게 자신을 계시하는지, 또한 우리가 그분을 어떻게 알 수 있는지를 생각해보면 이 점은 더욱 분명해진다.

하나님의 무한하신 속성을 묵상하라.
결국 이 모든 것은 하나님이 그런 식으로 자신을 계시하시기 때문이다. 실로 하나님은 우리가 그분을 온전히 알 수 없다는 사실을 이미 말씀하셨다. 하나님은 자신을 보이지 않고 이해할 수 없는 분으로 설명하셨다. 그러므로 우리가 하나님을 있는 그대로 안다는 것은 불가능한 일이다. 따라서 하나님에 대한 우리의 지식은 주로 부정적인 측면에서 그분의 속성이 아닌 것들이 무엇인지에 초점을 맞출 수밖에 없다. 다시 말해 하나님은 죽으시지 않고 한계가 없으시다는 식으로 묘사하는 것이다. 즉 죽을 수밖에 없고 유한하며 제한된 우리와 달리 그런 속성이 없는 분으로 이해하는 것이다.

성경은 하나님의 영광스러운 속성에 대해서 다음과 같이 말씀한다. "오직 그에게만 죽지 아니함이 있고, 가까이 가지 못할 빛에 거하시고, 어떤 사람도 보지 못하였고, 또 볼 수 없는 이시니, 그에게 존귀와 영원한 권능을 돌릴지어다"(딤전 6:16). 하나님께 접근하여 그분을 볼 수 있는 피조물은 아무도 없다. 그 이유는 하나님이 볼 수 없기 때문이 아니라 우리가 그것을 감당할 수 없기 때문이다. 어둠이 조금도 없는 하나님의 빛은 피조물의 접근을 허용하지 않는다. 빛나는 태양도 육안으로 볼 수 없는 너무나도 연약한 우리가 어떻게 무한하신 광명의 빛을 볼 수 있겠는가?

바로 이런 연유에서 잠언의 지혜자는 자신을 짐승이라고 고백하고 자신에게 사람의 총명이 없음을 말했던 것이다. "나는 다른 사람에게 비하면 짐승이라. 내게는 사람의 총명이 있지 아니하니라"(잠 30:2). 그는 자신이 하나님과 비교해서 아무것도 아니라는 사실을 깨달았고 하나님의 일과 그분의 방법을 생각하자 자신의 모든 총명이 사라진 느낌을 받았던 것이다. 이와 같은 고찰 속에서 이제 구체적인 사안들을 살펴보자.

우리가 하나님의 존재와 관련해서 다른 사람들에게 무엇을 가르칠 수 있을 정도로 충분한 지식을 갖는다는 것은 거의 불가능하다. 때문에 일반 사물에 대한 표현 방식대로 마음속에서 하나님의 개념을 형상화한다면 결국 우상을 만드는 꼴이 되어 하나님을 진정으로 섬기기보다 우리 자신이 만든 하나님을 숭배하는 셈이 된다. 마음속에서 우리의 이해에 걸맞은 존재로 하나님을 형상화하는 것은 나무와 돌로 하나님을 만드는 것과 진배없다.

그러므로 하나님의 존재를 생각할 때 최선책은 그분의 존재에 대해 우리가 아무런 생각도 가질 수 없음을 인정하는 것이다. 어떤 존재에 대해 우리가 가질 수 있는 최고의 지식이 그 존재를 잘 모른다고 인정하는 것이라면 그 존재에 대한 우리의 지식은 확실히 매우 미천한 것일 수밖에 없다. 물론 하나님이 자신의 직접적인 가르침을 통해 우리가 하나님의 속성 일부를 정연한 표현들을 가지고 묘사할 수 있도록 하셨다. 하지만 우리가 그런 식으로 말한다고 그분의 속성 자체를 직접 안다는 것은 아니다. 실로 우리는 그것들을 알지 못한다. 우리가 할 수 있는 일은 고작 믿고 경배하는 것일 뿐이다. 단지 가르친 바대로 하나님이 무한하시고 전능하시며 영원하신 분임을 고백할 따름인 것이다.

물론 우리는 하나님의 무소부재하심, 광대하심, 무한하심, 그리고 그분의 영원성에 대해 토론할 수는 있다. 하지만 단순히 말과 개념으로 이야기할 뿐이며 우리가 실제로 그것들을 아는 것은 아니다. 그렇다면 우리가 어떻게 그것들을 이해할 수 있겠는가? 만약 그것을 이해하려 한다면 아무것도 아닌 인간의 마음은 무한한 심연 속으로 빠져들고 말 것이다. 그런 것들을 생각하기에는 우리의 이해력이 너무나 조잡하다고 생각하지 않는가? 그러므로 이해하지 않는 것이 오히려 온전한 지혜의 모습이다. 실로 우리가 보는 것은 영원함과 무한함의 뒷모습에 불과하다.

같은 본질에서 세 개의 다른 인격이 존재하는 삼위일체의 교리를 우리는 어떻게 설명할 수 있겠는가? 이 진리는 아무도 이해하는 사람이 없기 때문에 많은 사람이 부인해왔던 신비였다. 실로 그 말 하나하나가 매우 이해하기 어려운 신비였다. 성자 하나님의 나심, 성령의 나오심, 그리고 그 둘 간의 차이를 누가 정확히 설명할 수 있단 말인가?

하나님과 우리 사이에 있는 상상할 수 없는 무한한 괴리감으로 인해 우리는 어둠 속에 놓여 있다. 그러기에 우리는 그분의 얼굴을 제대로 보지 못하고 그분의 온전하신 속성을 명확하게 이해할 수 없는 것이다. 우리가 하나님을 아는 방식은 그분의 존재 상태를 통해서가 아니라 그분의 행위를 통해서다. 즉 그분의 본질적인 선하신 속성이 아니라 그분이 우리에게 행하신 선하심을 통해서 그분을 알게 되는 것이다. 하지만 그런 지식도 욥이 말한 것처럼 매우 보잘것없는 것이다!

믿음으로 하나님을 깨달으라.

이 세상에서 하나님을 알 수 있는 방법은 오직 믿음을 통한 길밖에는 없다. 여기서 나는 인간의 마음속에 천성적으로 있는 신(神)의식을 논의할 생각은 없다. 또한 사람들이 하나님의 창조 섭리를 보고 이성적으로 생각했던 신관에 대해서도 논하지 않을 것이다. 그들도 고백한 것처럼 그런 신관은 혼란스럽고 비천하며 보잘것없는 지난 세대 모든 경험의 산물에 지나지 않는다. 그들은 하나님에 대한 지식을 알고 있다고 말하지만 빈약한 경험에서 나온 신지식으로 인해 마땅히 하나님을 경배하지 않은 채 하나님 없이 이 세상을 산다.

하나님과 그분의 경륜을 알 수 있는 유일한 방법은 믿음뿐이다. "하나님께 나아가는 자는 반드시 그가 계신 것과 또한 그가 자기를 찾는 자들에게 상주시는 이심을 믿어야 할지니라"(히 11:6). 그분을 알고 그분에게서 상을 받기 위해서는(이것들은 우리의 순종의 토대이다) 믿어야 한다. "이는 우리가 믿음으로 행하고 보는 것으로 행하지 아니함이로라"(고후 5:7). 믿음은 우리가 믿는 것을 잘못 형상화하고 표현하지 못하도록 막아준다. 이 믿음은 보지 못하는 것들의 증거이다. "믿음은 바라는 것들의 실상이요 보이지 않는 것들의 증거니"(히 11:1).

여기서 좀 더 믿음의 성격에 대해 이야기해보자. 실로 믿음과 관련된 현상들을 살펴보면 하나님에 대한 우리 지식이 오직 뒷모습이라는 사실을 더욱 분명히 깨달을 수 있다. 우리 믿음은 전도를 통해 우리가 보지 못한 주님을 증거받을 때 일어난다. 그래서 사도 바울이 말한 것처럼 직접 보지는 않았지만 믿음을 통해 주님을 알게 되고 그분을 사랑할 수 있게 된다. 이처럼 믿음은 주님에 대한 증거의 말씀을 통해 생겨난다. 그러면 이렇게 생겨난 믿음의 성격은 무엇인가? 그것은 그 증거에 동의하겠다는 표시이다. 믿음은 그 증거를 증명했다는 표시가 아니다. 앞에서 말한 것처럼 그것은 우리의 능력 밖의 일이다. 이런 의미에서 우리 믿음은 앞에서 관찰한 것처럼 거울처럼 희미하게 보는 것을 뜻한다. 따라서 이런 믿음을 통해 우리가 갖는 지식은 여전히 어둡고 매우 작다.

여기서 당신은 나의 말에 반박하여 그 모든 것은 사실이지만 그것은 오직 하나님을 예수 그리스도 안에서 계시된 방법대로 알지 못하는 사람들에게만 적용된다고 주장할지 모른다. 예수 그리스도 안에서 하나님을 아는 사람들은 다르다는 논리이다. 물론 성경은 다음과 같이 말씀한다. "본래 하나님을 본 사람이 없으되 아버지 품속에 있는 독생하신 하나님이 나타내셨느니라"(요 1:18). 또한 성경은 "하나님의 아들이 이르러 우리에게 지각을 주사 우리로 참된 자를 알게 하신 것"(요일 5:20)이라고 말씀한다. 그리고 하나님의 형상인 그리스도의 영광스러운 복음의 빛이 성도들의 마음에 비춘다고 말씀한다. "어두운 데에 빛이 비치라 말씀하셨던 그 하나님께서 예수 그리스도의 얼굴에 있는 하나님의 영광을 아는 빛을 우리 마음에 비추셨느니라"(고후 4:6).

그러므로 우리는 "전에는 어둠이더니 이제는 주 안에서 빛"이 되었다(엡 5:8). 더 나아가 바울은 우리가 수건을 벗은 얼굴로 주의 영광을 본다(고후 3:18)고 말했다. 따라서 지금 우리는 하나님으로부터 멀리 떨어져 어둠 속에 있지 않다. 또한 우리는 아버지와 그 아들 예수 그리스도와 함께 사귀는 일이 가능해졌다(요일 1:3). 지금 하나님을 계시해주는 복음의 광채는 영광스러운 빛이다. 그것은 별빛이 아니라 우리에게 하나님의 아름다움을 보여주는 태양 빛이다.

이제 우리 얼굴의 수건은 걷혀졌다. 그러므로 불신자와 믿음이 약한 성도들은 여전히 어둠 속에 있을지라도, 어느 정도 성장하고 괄목할 만한 신앙의 진보를 보인 성도들은 예수 그리스도 안에서 하나님의 얼굴을 분명하게 볼 수 있다고 말할 수 있다. 한편으로 우리 모두는 하나님을 사랑하고, 그분을 즐거워하며, 그분을 섬기고 순종하며, 그분을 신뢰한다고 할지라도 그런 행위는 하나님에 대한 우리 지식에 비하면 아직도 턱없이 부족하다. 그래서 그 지식을 온전히 실천한다고 말할 수 없다.

확실히 우리의 어둠과 연약함이 우리의 태만과 불순종의 구실이 되어서는 안 된다. 하나님의 온전하심과 탁월한 성품에 대한 지식만큼 신앙생활을 해온 사람이 과연 누가 있겠는가? 하나님이 우리에게 자신에 대한 지식을 알게 하신 목적은 하나님께 영광을 돌리도록 하기 위함이다. 즉 그분을 사랑하고 섬기며, 믿고 순종하면서, 죄를 용서하는 창조자 하나님께 마땅히 드려야 하는 영광과 존귀를 돌리도록 하는 데 있다. 우리 모두는 우리의 지식만큼 하나님의 형상으로 철저히 변화되지 않았음을 자각해야 한다. 우리가 우리 은사들을 제대로 사용한다면 우리는 하나님으로부터 더 많은 신뢰를 받을 것이다.

다른 것과 비교해서 우리가 복음 안에서 예수 그리스도의 계시로 알게 된 하나님에 대한 지식은 영광스럽고 매우 특출한 것이다. 다른 식으로 얻은 하나님에 대한 지식은 이것과 비교하면 상대가 되지 않는다. 구약의 율법시대에 주어진 지식도 마찬가지다. 구약의 지식은 좋은 것의 그림자일 뿐 실체를 보여주지는 않는다. 이 점을 사도 바울은 고린도후서 3장에서 자세히 설명했다. 말세인 지금, 그리스도는 아버지의 품에서 나와 아버지를 계시하시고, 그분의 이름을 선포하시면서, 하나님의 뜻과 계획을 율법시대의 그 어떤 방법보다 더 명확하고 탁월하게 보여주셨다. 앞의 대부분의 논의에서 나는 이점을 보여주고자 했다. 다시 말해 복음 안에서 하나님의 뜻이 그 어떤 다른 방법보다 더 명쾌하게 선포되었다는 사실이다.

신(神)지식과 관련해서 성도와 불신자의 차이는 무엇을 안다는 것보다 아는 방법에서 극명히 나타난다. 실로 불신자 중에도 일부는 하나님에 대해 더 많이 알 수 있고 그분의 속성과 뜻을 여러 성도들보다 더 많이 말할 수 있다. 하지만 그들의 지식은 올바른 방법으로 주어진 것이 아니다. 그들은 영적으로 구원받기 위해 그런 지식을 소유한 것이 아니다. 또한 거룩한 천상의 빛 속에서 그런 지식을 가진 것도 아니다. 성도의 탁월한 위치는 그가 많은 진리를 알고 있다는 데 있는 것이 아니라 비록 짧은 이해이지만 그 진리를 구원의 빛, 즉 하나님 영의 빛 속에서 바라본다는 데 있다. 그래서 그것을 통해 성도는 하나님과 교제를 나누게 되고 더는 호기심 어린 생각을 하지 않게 되는 것이다.

예수 그리스도는 말씀과 성령을 통해 자신에 속한 영혼들에게 아버지로서의 하나님, 언약의 하나님, 갚아주시는 하나님을 계시하시고, 모든 필요한 방법을 동원하여 이 세상에서 성도들이 하나님께 어떻게 순종해야 할지를 가르치신다. 그리하여 우리를 하나님의 품 안으로 인도하시고 나중에 천국에서 하나님을 기뻐하며 영원까지 살 수 있게 하신다. 하지만 그 모든 사실에도 불구하고 여전히 하나님에 대한 우리의 지식은 매우 적으며, 우리는 그분의 뒷모습만을 바라볼 수밖에 없다는 한계가 있다. 그 이유를 다시 곱씹으면 다음과 같다.

첫째, 복음의 모든 계시의 의도는 하나님의 본질적인 영광을 드러내고 하나님을 있는 그대로 보여주는 데 있지 않다. 복음의 계시는 단순히 믿음, 사랑, 순종, 그리고 하나님께 나아갈 수 있는 은총을 얻기 위해 우리에게 필요한 하나님에 관한 지식을 계시하는 데 그 목적이 있다. 다시 말해 복음 계시의 목적은 유혹 가운데 있는 가련한 인생들에게 합당한 믿음과 사역의 토대가 될 수 있는 지식을 보여주는 데 있는 것이다. 하지만 나중에 우리가 하나님의 부르심을 받고 천국에서 영원히 그분을 찬양하고 경배할 때는 하나님이 새로운 방법으로 자신을 보여주실 것이다. 그때가 되면 지금 우리 앞에 놓여 있는 그 모든 것은 그림자처럼 사라질 것이다.

둘째, 우리 마음은 우둔하고 더뎌서 계시된 말씀 안에 있는 실체들을 제대로 분별하지 못한다. 그래서 하나님은 우리 연약함 때문에 우리에게 하나님을 의지하도록 만드시고, 그분의 말씀으로 자신을 계시하신 것이다. 또한 우리 연약함으로 인해 하나님은 우리 영혼들에게 이 세상에서 모든 지식을 깨닫도록 허락하시지 않는다. 그러므로 복음의 계시 방법이 명확하고 분명하지만 그 계시를 통해 갖는 우리 지식은 매우 연약할 수밖에 없다.

이제 지금까지 우리가 논의한 내용의 목적과 그 유용성을 생각해보자. 확실히 하나님의 형용할 수 없는 위대하심과 그분과 우리 사이에 있는 엄청난 괴리감을 우리가 제대로 인식한다면, 우리 영혼은 그분에 대해 거룩하고 두려운 경외심으로 채워져 모든 정욕과 맞서 싸울 수 있게 된다. 그러므로 하나님의 위대하심과 무소부재하심에 대해 경외하는 마음을 항상 잃지 말아야 한다. 그러면 우리 영혼은 모든 불경스러운 행동을 경계하게 될 것이며 항상 하나님을 묵상하게 된다. 실로 하나님은 소멸하는 불이시다. 그러므로 하나님의 임재 앞에서 당신의 비천함을 알고, 당신의 천성이 그분의 본질적인 영광을 이해하기에는 너무나 왜소하다는 사실을 항상 자각하기 바란다.

방법 9. 죄 앞에서 자신에게 평안하다고 말하지 말라

하나님이 당신에게 죄와 그 뿌리에 대해 찔림을 주시고, 죄가 분출할 때마다 당신으로 하여금 불안하게 할 때 하나님이 말씀하시기 전에 당신이 먼저 스스로에게 평안하다고 말하려는 유혹을 경계해야 한다. 대신 하나님이 당신 영혼에게 하시는 말씀에 귀 기울이라. 이와 같은 경청의 자세가 없다면 당신 마음은 죄의 속임수에 노출되고 말 것이다.

실로 이것은 매우 중요한 일이다. 사람이 자신의 영혼을 속이는 것은 정말 슬픈 일이다. 우리 영혼에게 부드러운 음성으로 말씀하시는 하나님의 경고는 우리의 폐부를 관통하기 때문에 그 음성 앞에서 우리가 스스로 평안하다고 말한다는 것은 있을 수 없다. 실로 스스로 평안을 말하는 것은 하나님을 대적해서 자신을 높이는 죄라고 할 수 있다. 여기에서 그 위험성을 자세히 논하지는 않겠다. 이 장에서 논의하는 죄를 죽이는 실제적인 방법들은 성도들이 그런 죄를 짓지 않도록 도와주고, 그런 죄를 지을 때 그 사실을 어떻게 알 수 있는지 보여주는 데 있기 때문이다. 이를 위해서 우리는 다음과 같은 점을 주목해야 한다.

하나님의 은혜는 그분의 위대한 특권이자 주권이다.

하나님이 자신의 뜻에 따라 사람들에게 은혜를 주시는 것은 그분의 위대한 특권이자 주권이다(하나님은 "긍휼히 여기시는"(롬 9:16) 분으로서 자신의 뜻에 따라 사람들을 부르시고 그들을 성화시키신다). 그러기에 하나님은 그렇게 부름받고 의롭다 함을 얻어 구원받은 사람들에게 자신의 기뻐하시는 뜻에 따라 평화를 말할 수 있는 특권이 있다. 그리고 그 은혜를 베푸시는 정도도 전적으로 하나님의 뜻에 달려 있다.

성도들을 대할 때 하나님은 본질적으로 '모든 위로의 하나님'이시다. 이러한 위로는 하나님이 자기 백성들에게 주시는 선한 은혜 중에 하나이다. 이 은혜를 하나님은 또한 자신의 뜻에 따라 자녀들에게 베푸신다. 하나님은 이것을 자신의 특권이라고 말씀하신다. "내가 영원히 다투지 아니하며 내가 끊임없이 노하지 아니할 것은 내가 지은 그의 영과 혼이 내 앞에서 피곤할까 함이라. 그의 탐심의 죄악으로 말미암아 내가 노하여 그를 쳤으며 또 내 얼굴을 가리고 노하였으나 그가 아직도 패역하여 자기 마음의 길로 걸어가도다. 내가 그의 길을 보았은즉 그를 고쳐줄 것이라. 그를 인도하며 그와 그를 슬퍼하는 자들에게 위로를 다시 얻게 하리라"(사 57:16-18).

이 말씀에서 하나님은 유다의 상처와 위로받지 않은 상태를 고쳐 주시겠다고 말씀하신다. 그리고 그것이 자신의 전적인 특권임을 다음과 같은 말씀으로 암시하신다. "입술의 열매를 창조하는 자 여호와가 말하노라"(사 57:19). 이 말씀의 의미는 상처받은 피조물에게 하나님이 찬양의 입술을 창조하시고 그분의 주권에 따라 그것을 이루어주신다는 뜻이다.

하나님은 자연 상태에 있는 사람들을 향한 일반은총도 자신의 방법으로 역사하시며 그 과정도 외형상 우리가 예측할 수 없는 방식으로 이루신다. 은혜의 상태에 있는 성도에게 하나님이 특별은총인 평화와 기쁨을 주실 때에도 마찬가지다. 즉 하나님은 우리가 예측할 수 없는 방식으로 자신의 특별은총을 베푸신다.

평화를 말할 수 있는 것은 예수님의 특권이기도 하다.
성부 하나님이 자기 뜻에 따라 평화를 창조하실 수 있는 것처럼 성자이신 그리스도도 성도들의 마음속에 평화를 말할 수 있는 특권이 있다. 라오디게아교회가 스스로 자신들의 상처를 거짓되게 치료하고 자신들에게 평화를 말할 때 주님은 그들에게 "아멘이시요 충성되고 참된 증인이시요"(계 3:14)라고 말씀하셨다. 실로 주님은 우리의 상태를 있는 그대로 증거하시는 분이다.

우리는 실수하고 헛되게 수고할 수 있다. 또한 거짓된 이유로 스스로 우쭐할 수 있다. 하지만 주님은 아멘이시며 신실한 증인이시다. 그리므로 우리 상황과 상대에 대해 그분이 하신 말씀은 실로 참되고 신실하시다. 주님은 우리처럼 눈에 보이는 외모로 판단하시는 분이 아니다. 주님은 모든 원인을 있는 그대로 파악하고 판단하신다. "그가 여호와를 경외함으로 즐거움을 삼을 것이며 그의 눈에 보이는 대로 심판하지 아니하며 그의 귀에 들리는 대로 판단하지 아니하며"(사 11:3).

당신이 위의 두 가지 전제를 주목했다면 이제 나는 우리의 평화가 스스로 지어낸 평화인지, 아니면 하나님이 주신 평화인지를 분별할 수 있는 몇 가지 규칙을 소개하고자 한다.

● 규칙 1. 자신의 죄를 증오하지 않는다면
　　　　절대 참된 평화는 오지 않는다.

확실히 사람들은 스스로에게 평화를 말한다. 그렇게 해서 자신의 죄를 가증스럽게 여기지도 않고, 그렇게 하는 자신을 혐오하지도 않는다. 죄로 인해 상처받고 괴로워하며 당혹해 할 때 보통 우리는 그 죄를 치료하기 위해서는 오직 그리스도의 피를 통한 하나님의 자비밖에 없다는 사실을 알고, 하나님을 바라보며 하나님 안에서 이루어진 언약의 약속들을 의지한다. 그리고 하나님이 우리에게 확실한 은혜를 주실 것이며, 상황이 나아질 것이라는 기대감으로 마음의 동요를 가라앉힌다.

하지만 그러는 가운데 여전히 우리가 우리를 괴롭히는 죄를 증오하지 않는다면 결국 하나님에 의해 치유받기보다는 스스로를 치료하는 셈이 된다. 이런 인간적인 치유는 엘리야가 경험했던 것과 같이 '크고 강한 바람'이기는 하지만 그 속에는 하나님이 없는 바람이다. 이에 반해 치유와 평화를 얻기 위해 그리스도를 진정으로 바라보는 사람들은 자신이 주님을 찔렀다는 사실을 알고 애통해한다. 심지어 그분을 위해서 통곡하며, 더 나아가 그분에게 상처준 자신의 죄를 증오하게 된다. 또한 진정으로 치유받기 위해 그리스도께로 나아가는 사람은 자신의 죄로 말미암아 주님이 찔림을 받았다는 사실을 목도하게 된다. "내가 다윗의 집과 예루살렘 주민에게 은총과 간구하는 심령을 부어 주리니 그들이 그 찌른 바 그를 바라보고 그를 위하여 애통하기를 독자를 위하여 애통하듯 하며 그를 위하여 통곡하기를 장자를 위하여 통곡하듯 하리로다"(슥 12:10).

믿음을 통해 그리스도를 접하고 그분과 교제할 때 우리는 거기서 그리스도의 여러 가지 모습을 경험하게 된다. 때때로 믿음의 눈은 그분의 거룩함, 능력, 그리고 사랑을 보게 되고, 더 나아가 그분이 아버지로부터 어떤 총애를 받았는지까지 직시하게 된다. 그리고 믿음을 통해 치유와 평화를 구할 때 우리는 특별히 언약의 피, 즉 그분의 고난을 보게 된다. 왜냐하면 그분의 채찍 맞음을 통해 우리가 나음을 입었고 그분이 징계를 받음으로 우리는 평화를 누렸기 때문이다. "그가 찔림은 우리의 허물 때문이요 그가 상함은 우리의 죄악 때문이라. 그가 징계를 받으므로 우리는 평화를 누리고 그가 채찍에 맞으므로 우리는 나음을 받았도다"(사 53:5).

우리가 치유함을 구할 때 우리는 그분의 채찍 자국을 보게 된다. 단순히 로마 교황청의 경건주의자들이 하는 식으로 주님의 채찍 맞음을 이야기하는 것이 아니다. 십자가의 신비와 계획, 그리고 사랑과 인애를 몸소 체험하면서 보게 되는 것이다. 그래서 평화를 구할 때 우리는 그분이 우리를 대신해서 징계받으셨다는 사실을 함께 깨닫게 된다.

이같이 치유와 평화를 얻기 위해 성령의 힘과 하나님의 마음으로 우리 주님을 바라보는 사람은 자신의 죄를 증오하게 된다. 에스겔 16장 60~61절은 다음과 같이 말씀한다. "그러나 내가 너의 어렸을 때에 너와 세운 언약을 기억하고 너와 영원한 언약을 세우리라." 이런 언약이 세워지면 어떤 일이 벌어지는가? "네 행위를 기억하고 부끄러워할 것이라." 실로 하나님이 확실한 언약으로 평화를 말씀하실 때 그 영혼은 죄로 인해 하나님으로부터 멀리 떨어진 자신의 행동에 수치심을 느끼게 된다.

사도 바울이 하나님의 뜻대로 하는 근심은 후회할 것이 없으며 구원에 이르는 회개에 이른다고 말했을 때 그 근심에 동반하는 현상 중에 하나로 죄에 대한 복수심을 언급했다. "얼마나 벌하게 하였는가"(고후 7:11). 실로 자신의 비행을 생각하고 그 어리석음을 분노와 함께 복수심을 갖고 징벌하려고 하는 것이다. 욥은 자신이 온전히 치유받았을 때 "내가 스스로 거두어들이고 티끌과 재 가운데서 회개하나이다"(욥 42:6)라고 울부짖었다. 실로 그렇게 할 때까지 그의 마음속에는 평화가 없었다. 아마도 욥은 엘리후가 멋지게 말한, 대가 없이 주는 자유로운 하나님의 은혜 교리를 신봉하고 그것으로 위안을 삼으려고 했을지 모른다(욥 33:14-30). 하지만 그의 상처는 낫지 않았다. 결국 그가 상처에서 치유받기 위해서는 나중에 자신을 증오해야 했다.

시편 78편 33절과 35절에서 죄로 인해 큰 고통과 어려움을 당했던 사람들도 이런 경우에 해당된다. 그들은 그리스도를 통해 하나님을 불렀지만(구약의 그들이 그리스도를 의지했다는 사실은 그들이 하나님을 자신들의 반석이며 구속자라고 부른 것에서 쉽게 알 수 있다. 이 두 명칭은 성경의 다른 곳에서 주 예수 그리스도를 지칭하는 용어로 사용된다), 동시에 자신들에게 스스로 평화를 말했다. 과연 그런 평화가 지속되었을까? 그렇지 않았다. 그것은 마치 이른 아침의 이슬처럼 곧 사라졌다. 하나님이 그들의 영혼에 평강의 말씀을 주시지 않았기 때문이다. 그러면 왜 그들은 하나님의 평강을 얻지 못했는가? 그 이유는 그들이 하나님을 입술로만 불렀기 때문이다. 그것을 어떻게 알 수 있는가? "이는 하나님께 향하는 그들의 마음이 정함이 없으며 그의 언약에 성실하지 아니하였음이로다"(시 78:37). 그들은 자신들의 죄를 증오하며 포기하는 대신 죄 앞에서 자신들에게 평안하다고 말했던 것이다.

확실히 치유와 평화를 갈구하는 사람들은 진정한 치유자를 찾아가서 올바른 방법으로 치유를 받아야 한다. 그리고 언약의 약속 위에서 마음의 안정을 추구해야 한다. 한편 마음의 평화를 얻었다고 할 때 자신을 괴롭히고 상처준 죄를 증오하고 혐오하지 않는다면 그 평화는 하나님이 주신 평화가 아니라 스스로 만들어낸 평화이다. 따라서 상처의 허물만 벗겼을 뿐 그 내부는 그내로 있는 셈이 된다. 설국 그 상처는 더욱 곪고 부패해져 나중에 더 큰 위험을 불러일으키게 된다. 그러므로 죄의 고통만 느낄 뿐 죄와 동반하는 불결함과 타락에 대해서는 신경 쓰지 않는 자세를 우리는 경계해야 한다. 실로 그리스도 안에서 주님의 자비를 위해 부르짖으면서도 그 입 안에서는 달콤한 죄를 계속 삼킨다면 그것은 확실히 잘못이다. 그런 길에 있는 사람은 절대 온전한 평화를 맛볼 수 없다.

예를 들어 당신 마음이 세상을 좇아가기 때문에 하나님과 교제하면서도 속으로 괴로워한다고 가정해보자. 그러면 성령은 당신에게 "이 세상이나 세상에 있는 것들을 사랑하지 말라. 누구든지 세상을 사랑하면 아버지의 사랑이 그 안에 있지 아니하니"(요일 2:15)라고 분명히 말씀하신다. 그래서 이 말씀으로 당신은 그리스도 안에서 하나님을 대면하고 당신 영혼의 치료와 양심의 평강을 위해 부르짖게 된다. 하지만 이때 당신에게 그 악 자체를 철저히 증오하는 마음이 없을 수 있다. 그리고 단순히 죄의 결과에 대해서만 동요할 뿐 죄 자체에 대해서는 오히려 즐기기까지 할 수 있다. 그런 당신은 나중에 불 가운데서 간신히 건짐을 받는 것처럼 하나님의 역사로 겨우 구원받을지 모른다. 하지만 분명한 것은 이 세상에 있는 동안 당신은 절대 진정한 평화를 누리지 못한다는 점이다. 그래서 당신은 파리해지고 기운을 잃게 될 것이다.

신앙을 공언하는 많은 사람의 평화의 뿌리에는 이와 같은 속임수가 자리 잡고 있다. 때문에 그들에게는 진정한 평화가 없다. 그들은 온 힘을 다해 자비와 용서를 구한다. 그리고 외형상으로 하나님과 놀라운 교제의 삶을 살기도 한다. 심지어 그들은 하나님 앞에 엎드려 자신의 죄와 어리석음을 슬퍼하기도 한다. 그런 행동으로 그들은 자신들이 죄에서 완전히 떠났다고 착각한다. 또한 한시적으로 마음에 만족을 주는 평화를 누리기도 한다. 하지만 그들 마음을 좀 더 철저히 분석해보면 그들 속에는 아직도 어리석음이 은밀히 도사리고 있는 것을 발견할 수 있다. 적어도 그들은 마땅히 해야 할 만큼 자신의 죄를 혐오하지 않는다. 그 결과 그들이 누리는 평화는 연약해져서 썩게 된다. 그리고 한순간 그들의 입술로 평화를 구한 것처럼 그 평화도 그들에게 잠시 있다가 사라지고 만다.

- 규칙 2. 자신의 신념과 원리에 근거해서 자신에게 평화를 선언한다면 그것은 거짓 평화이다.

사람들이 자신의 신념과 원리에 근거해서 스스로에게 평화를 선언한다면 그것은 거짓 평화이기 때문에 오래 지속될 수 없다. 여기서 그 이유를 간단히 살펴보자. 죄로 인해 상처받은 사람이 있다고 가정해보자. 그는 그 죄 때문에 마음에 가책을 느낀다. 복음에 합당하게 올바로 살지 못했다는 자책 때문이다. 그래서 하나님과 자기 영혼과의 관계가 올바르지 않았음을 자각하고 자신이 무엇을 해야 할지를 심사숙고한다. 그때 그는 빛 속에서 자신이 어떤 길을 가야 할지를 알게 된다. 그리고 자신의 영혼이 전에 어떻게 치료받았는지도 생각해낸다. 하나님의 약속만이 자신의 상처를 치유할 수 있고, 자신의 마음을 안정시켜주는 약임을 알, 그는 그 약속을 의지하며 좇아간다.

특별히 약속의 말씀 중에서 자신의 상태와 직접적으로 연관된 구절을 찾아 자신에게 다음과 같이 말한다. "이 약속의 말씀은 하나님이 나에게 주시는 말씀이다. 여기서 나오는 약을 나의 상처의 넓이만큼 가져다가 바를 것이다." 이렇게 해서 그는 하나님의 약속의 말씀을 자신의 상태에 적용한다. 그리고 평화를 얻는다. 하지만 이런 행동은 주님이 가까이 계신 것처럼 보였지만 실제로 계시지 않는 것과 같이 공허한 신기루를 좇는 행위이다. 이것은 죄와 의와 심판에 대하여 책망하시는 성령의 사역이 아니다(요 16:8). 이것은 단지 지적이고 이성적인 영혼의 단순한 활동에 불과하다.

인생은 세 가지 유형의 삶으로 나뉠 수 있다. 즉 생계를 유지하는 삶, 감정적인 삶, 그리고 이성적이고 지적인 삶이다. 오직 생계만을 유지하며 사는 사람이 있는가 하면 감정적인 삶을 사는 사람들도 있다. 하지만 감정적인 삶에도 생계유지의 삶이 필수적이다. 이와 마찬가지로 이성적인 삶도 앞의 두 유형의 삶을 모두 전제한다. 그러므로 이성적인 삶을 사는 사람은 이성의 원리뿐만 아니라 앞에서 말한 나머지 두 종류의 삶의 원리도 따르며 살아간다. 그렇지만 그는 점점 자라면서 분별력을 갖게 된다.

이런 이치는 하나님의 세계와 관련해서도 적용된다. 하나님의 관점에서 볼 때 사람들 중에는 단순히 이성을 가진 자연인으로 사는 사람들이 있는가 하면, 깨달음 속에서 마음에 죄의식을 가진 사람들이 있고, 더 나아가 진실로 거듭난 성도들도 있다. 진실로 중생한 사람은 앞에서 말한 두 가지 유형의 모습을 모두 공유한다. 그 결과 그는 때때로 이성적 원리에서 깨달음을 갖고 행동한다. 하지만 그의 진정한 영적 삶은 감정의 원리에 지배를 받지 않는다. 그는 절대 감정에 좌우되는 법이 없으며 그의 열매는 그런 뿌리와는 아무런 상관이 없다.

앞에서 내가 가정해서 말한 사람의 경우, 그는 단순히 죄의식과 깨달음의 원리에서 행동하는 자라고 할 수 있다. 그렇기 때문에 그것을 통해 자신의 천성적인 능력을 함양시킬 수는 있지만, 절대 그에게는 성령의 물결이 일어나지 않는다. 예를 들어 어떤 영혼이 다시 타락해서 마음에 상처와 동요를 일으킨다고 하자. 실로 은혜를 한 번 맛보고 나서 다시 타락하는 것보다 영혼에 더 깊은 상처와 고통을 주는 일은 없다. 이 경우 그는 마음의 혼란 속에서 다음과 같은 약속의 말씀을 찾는다. "그가 긍휼히 여기시리라. 우리 하나님께로 돌아오라. 그가 너그럽게 용서하시리라"(사 55:7). 즉 하나님이 반복해서 계속 용서하실 것이라는 말씀이다.

또한 그는 호세아 14장 4절의 말씀을 찾게 된다. "내가 그들의 반역을 고치고 기쁘게 그들을 사랑하리니." 그래서 그는 성령이 실제로 자신에게 이 말씀을 주시고 힘과 생명을 불어넣고 있는지 한 번도 분별하지 않고 무조건 그 말씀을 적용해서 자신에게 평화를 선포한다. 그는 과연 하나님이 그 말씀을 통해 자신에게 직접 평화를 말씀하고 계신지에 대해서는 전혀 귀 기울이지 않는다. 실로 그는 하나님을 기다리지 않는다. 하나님도 자신의 얼굴을 숨기시고 그 가련한 영혼이 평화를 도둑질하는 것을 묵묵히 바라보신다. 그러다가 때가 되면 하나님은 또다시 그와 대면하시고 그에게 새로운 기회를 주신다. 그때 비로소 그는 하나님이 자신의 손을 잡지 않으신다면 자신의 발걸음은 결국 헛수고라는 사실을 깨닫게 된다.

이와 관련해 당신은 많은 질문을 할 수 있다. 내가 여기서 그 모든 질문에 답할 수는 없지만 꼭 알아야 할 몇 가지 질문에 대해서만 간단히 답변하도록 하겠다.

| 첫 번째 질문 | 정말 그렇다면 슬픈 일이 아닐 수 없다. 이것이 성령이 우리를 인도하시는 방법이라면 우리가 우리 상처를 치유하고 마음의 평화를 추구할 때 우리 스스로의 힘으로 하는 것인지, 아니면 성령이 함께하는 것인지 우리가 어떻게 알 수 있는가?

첫째, 당신이 여전히 거짓된 평화를 가졌다면 하나님은 그런 당신에게 신속히 깨우침을 주실 것이다. 왜냐하면 "온유한 자를 정의로 지도하심이여 온유한 자에게 그의 도를 가르치시리로다"(시 25:9)라는 하나님의 약속이 있고, 그 외에도 하나님은 당신의 실수를 계속 좌시하시지 않기 때문이다. 하나님은 당신이 자신의 벗은 모습을 무화과나무 잎으로 가리고, 그런 보호 속에서 계속 안주하도록 허락하시는 분이 아니다. 따라서 당신은 당신 상처가 온전히 치유되지 않았음을 곧 깨닫게 될 것이다. 그리고 그 깨달음을 통해 재빠르게 당신 마음속에 있었던 평화가 일시적이었음을 알게 될 것이다.

둘째, 이런 사람이 스스로에게 평화를 말할 때 그는 보통 기다리지 않고 말한다. 하지만 기다림은 하나님의 은혜이다. 그는 기다리지 않기 때문에 하나님이 원하시는 믿음의 행동을 보여주지 못한다.

물론 하나님은 때때로 기다리지 않고 사람의 영혼 안으로 파고들어가 상처주시고 동시에 치유하시기도 한다. 다윗이 사울의 옷자락을 잘라냈을 때가 바로 그런 경우이다. 하지만 보통 하나님은 종이 주인의 명령을 기다리듯 우리에게 기다릴 것을 요구하신다(시 130:6). 그래서 이사야 선지자는 "이제 야곱의 집에 대하여 얼굴을 가리시는 여호와를 나는 기다리며 그를 바라보리라"(사 8:17)고 고백했다.

때때로 하나님은 하나님의 집을 떠난 자녀들이 돌아올 때 잠시 문 앞에서 기다리게 하고 바로 들어오지 못하도록 하신다. 그러므로 그들은 하나님이 손을 잡고 자신들을 집 안으로 들여보내지 않는 한 문 앞에 서서 기다려야 한다. 그리고 그렇게 기다릴 때 그들은 자신들이 그동안 하나님으로부터 떠났던 사실에 수치심을 느끼게 된다. 반면 스스로에게 평안하다고 말하며 자신들을 치유하려는 사람들은 서두른다. 그래서 그들은 기다리지 않고 하나님의 말씀에 귀 기울이지도 않는다.

셋째, 이렇게 해서 자신들의 양심, 생각, 이성, 그리고 영혼을 안정시킬 수 있다 할지라도 그들의 마음은 진정한 안식과 은혜의 만족으로 소생되지 못한다. 이들이 받은 위로의 말씀은 마치 나아만이 엘리사에게 들었던 "너는 평안히 가라"(왕하 5:19)는 말과 같다고 할 수 있다. 열왕기 본문에서 나아만은 그 말을 듣고 마음의 안정을 얻을 수 있었다. 하지만 나는 그 대답을 통해 그의 마음이 진정으로 달콤한 평화를 맛보았다고는 생각하지 않는다. 다시 말해 치유함에서 일어나는 자연적인 기쁨이 아닌 진정으로 믿는 데서 오는 영적인 기쁨을 그가 누렸다고 생각하지 않는다. "나의 말이 정직하게 행하는 자에게 유익하지 아니하냐"(미 2:7). 이 미가서의 말씀처럼 하나님의 말씀은 우리의 지각을 통해 죄를 깨닫게 할 뿐만 아니라 우리에게 진정으로 유익을 가져다준다. 그러므로 하나님의 말씀을 직접 듣게 되면 그 사람은 달콤한 평화와 즐거움을 자신의 감정과 의지에서 맛보게 된다. 그리고 그 영혼은 하나님의 말씀을 통해 온전한 안식으로 들어갈 수 있게 된다. "내 영혼아 네 평안함으로 돌아갈지어다. 여호와께서 너를 후대하심이로다"(시 116:7).

넷째, 더욱이 스스로 평안을 말하는 사람은 자신의 삶을 바로잡을 수 없다. 그런 자세로는 절대 악을 치유하고 병을 퇴치할 수 없다. 반면 하나님으로부터 직접 평화의 말씀을 들은 영혼은 하나님의 인도하심을 받아 다시는 어리석음으로 돌아가지 않는다. "내가 하나님 여호와께서 하실 말씀을 들으리니 무릇 그의 백성, 그의 성도들에게 화평을 말씀하실 것이라. 그들은 다시 어리석은 데로 돌아가지 말지로다"(시 85:8).

스스로 평강을 말하는 사람은 그 마음에서 악을 제거할 수 없다. 그것은 영혼으로 하여금 더욱 뒷걸음치도록 만드는 가장 확실한 방법이다. 치유함을 받았다고 생각했지만 당신이 죄에서 완전히 떨어지지 않고 오히려 죄와의 싸움만 격렬해진다면 당신은 예수 그리스도와 성령을 배제한 채 스스로 자신의 영혼에게 평강을 말한 것이 분명하다. 이와 같은 행동은 얼마가지 못해서 그 대가를 톡톡히 치르게 된다. 즉 새로운 상처를 받게 되어 다시 씨름하게 되는 것이다. 하지만 하나님으로부터 직접 평강의 말씀을 들은 영혼은 더는 완악한 행동을 하지 않겠다는 강한 의지를 갖게 된다. 또한 그 의지만큼 그의 영혼은 감미로움을 맛보고 하나님의 사랑을 발견하게 된다.

- **규칙 3. 자신에게 평안을 말하는 것은 경박한 행동이다.**

예레미야 선지자는 당시 지도자들의 그런 행동을 크게 비판했다. "그들이 내 백성의 상처를 가볍게 여기면서 말하기를 평강하다 평강하다 하나 평강이 없도다"(렘 6:14). 실로 우리는 이와 같은 사람들을 종종 보게 된다. 그들은 상처를 치유하는 일을 가볍게 생각한다. 즉 믿음으로 하나님의 약속의 말씀을 흘긋 보기만 하면 치유된다고 여기고 그것이 전부인 양 생각한다. 사도 바울은 "듣는 자가 믿음과 결부시키지 아니"(히 4:2)하기 때문에 하나님의 말씀이 어떤 사람들에게는 유익이 되지 못한다고 말한다. 다시 말해 진정한 믿음을 갖고 듣지 않기 때문이라는 것이다.

단순히 하나님의 약속 안에 있는 자비의 말씀을 보는 것만으로는 충분하지 않다. 말씀이 믿음 안으로 융화되어야 한다. 그때 비로소 그 말씀은 영혼에게 유익을 끼칠 수 있다. 한때 양심의 상처로 불안함으로 비틀거렸던 당신이 자유함을 얻었다고 한다면 나는 당신에게 그 자유함을 어떻게 얻었는지 묻고 싶다. 이 물음에 당신은 "나는 사죄와 치유의 약속을 보고 평강을 발견했습니다"라고 대답할지 모른다. 그렇다면 당신은 성급하게 매우 피상적으로 행동한 것이다. 실로 당신은 그 약속의 말씀을 믿음과 결부시키지 않았기 때문에 그 말씀의 효과를 온 영혼에 퍼지지 못하도록 훼방하는 결과를 초래했다. 그러므로 당신 처신은 매우 경박한 행동이었다. 따라서 당신의 상처는 멀지 않아 재발할 것이며, 당신은 치유되지 않은 자신을 곧 깨닫게 될 것이다.

- 규칙 4. 죄를 해결하기 위해 하나님을
  의지하지 않는 사람의 평화는 거짓 평화이다.

무슨 이유든지 간에 스스로에게 평강을 말하는 사람은 자신의 영에 있는 심각한 악의 문제를 하나님을 의지하며 해결하려고 하지 않는다. 이런 사람이 말하는 평강은 실제로는 공허한 것이다. 이 의미를 좀 더 설명하자면, 마땅히 해야 할 의무를 어떤 사람이 반복해서 태만히 한다면 나중에 그의 양심은 당혹감을 느끼고 그의 영혼은 상처받게 된다. 또한 그의 죄로 인해 그의 뼈는 쑤시는 아픔을 경험하게 된다.

이런 상황에서 그는 스스로를 치유하기 위해 약을 바르고 평강을 찾는다. 그러나 이렇게 되면 결국 성령을 근심시키는 세속적인 생각, 교만, 또는 다른 어리석은 생각들이 그의 마음에 완전히 자리 잡게 된다. 그래서 그는 죄로 인한 고통을 더는 느끼지 못하고 죄와 싸우려 하지도 않게 된다. 이런 사람에게는 하나님에게서 오는 평화를 기대할 수 없다.

우리 영혼이 올바르기 위해서는 하나님의 모든 명령을 똑같이 지켜야 한다. 하나님은 죄에 있는 우리를 의롭게 하시는 분이며, 동시에 우리 안에 있는 극히 작은 죄라도 적당히 넘어가시지 않는 분이다. 하나님의 눈은 매우 정결해서 그 앞에는 부정이 설 수 없다.

- **규칙 5. 교만한 양심에 찾아오는 평화는 거짓 평화이다.**

양심에게 스스로 평강을 말하는 사람은 하나님이 주시는 겸손함을 좀처럼 갖지 못한다. 하나님의 평강은 다윗의 경우에서 보듯 사람을 겸손하게 하며 낮아지게 한다. "하나님이여 주의 인자를 따라 내게 은혜를 베푸시며 주의 많은 긍휼을 따라 내 죄악을 지워 주소서"(시 51:1). 하지만 스스로 평강을 외치는 사람은 다윗이 나단의 말을 듣고 취했던 그런 깊은 겸손함을 절대 보여주지 못한다.

| 두 번째 질문 | 여기서 당신은 다음과 같이 반문할 수 있다. 우리의 상처와 관련해서 하나님의 약속의 말씀을 통해 위안을 받으려고 할 때 그 시기는 언제가 적당한가?

일반적으로 하나님이 우리에게 말씀하시는 평강은 빨리 올 수도 있고 늦게 올 수도 있다. 전에 내가 말했던 것처럼 우리가 죄를 짓는 바로 그 순간 하나님은 즉시로 평강의 말씀을 주실 수도 있다. 이때 그 말씀은 저항할 수 없는 강력한 힘으로 임하기 때문에 영혼은 그 말씀 안에서 하나님의 뜻을 받아들이지 않을 수 없다.

이와 달리 때때로 하나님은 우리로 하여금 좀 더 오래 기다리게 하실 수도 있다. 그러나 하나님의 평강의 말씀이 빠르게 오든 천천히 오든 간에, 또는 죄를 짓는 상태에서 오든 아니면 회개할 때 오든 간에 일단 하나님이 말씀하시면 우리는 그 말씀을 받아들여야 한다. 하나님과의 교제에서 하나님이 가장 괴로워하시는 부분은 우리의 불신앙적인 두려움이다. 이 두려움은 하나님이 우리에게 주시고자 하는 강력한 위로의 말씀을 듣지 못하도록 방해한다.

| 세 번째 질문 | 당신은 또한 이렇게 질문할 수 있다. 우리의 현재는 과거와 연속성을 갖는다. 하나님이 평강하라고 말씀하실 때, 우리가 그것을 받아들여야 하는 것은 너무나 당연하다. 하지만 하나님이 말씀하실 때를 우리가 어떻게 알 수 있는가?

나는 하나님이 평강의 말씀을 주실 때 모든 사람이 그것을 확신하고 평강을 누리기를 진정으로 소원한다. 실로 이 평강을 받는 것은 우리 의무이기도 하다. 하지만 그렇게 하기 위해서는 다음과 같은 사실을 고려해야 한다.

첫째, 하나님이 말씀하실 때 하나님의 목소리를 분별할 수 있는 것은 믿음 안에 있는 비밀스러운 본능이다. 동정녀 마리아가 엘리사벳을 찾아갔을 때 엘리사벳의 배 속에서 아이가 뛰었던 것처럼 마음 안에 있는 믿음은 그리스도께서 가까이 오실 때 그것을 알고 뛰게 된다. "나는 내 양을 알고 양도 나를 아는 것이"(요 10:14)라고 주님은 말씀하신다. 즉 그들은 주님의 목소리를 알고 그분의 목소리에 익숙하다는 뜻이다.

진실로 양된 자들은 주님이 언제 입을 열어 말씀하실지 알고 충만한 은혜를 받는다. 아가서 5장 2절에서 신부는 슬픈 모습으로 잠을 청하고 있었다. 하지만 그리스도께서 문을 두드리며 말씀하실 때 그녀는 "나의 사랑하는 자의 소리가 들리는구나"라고 외쳤다. 신부는 신랑의 목소리를 알고 신랑과 교제를 나눈 사이였기에 즉시 신랑을 알아보았던 것이다. 마찬가지로 당신이 주님을 알고 교제해 왔다면 당신은 그분의 목소리와 낯선 자의 목소리를 쉽게 분간할 수 있을 것이다.

그러므로 다음과 같은 기준을 항상 명심하라. 즉 주님이 말씀하실 때 그분은 절대 사람의 방식으로 말씀하시지 않는다는 사실이다. 주님의 말씀에는 능력이 있다. 그래서 제자들에게 하셨던 것처럼 주님이 말씀하실 때 당신의 마음은 뜨거움을 느끼게 된다. "그들이 서로 말하되 길에서 우리에게 말씀하시고 우리에게 성경을 풀어 주실 때에 우리 속에서 마음이 뜨겁지 아니하더냐 하고"(눅 24:32). 또한 주님은 자신의 손을 문틈으로 내미는 것처럼 말씀하신다. "내 사랑하는 자가 문틈으로 손을 들이밀매 내 마음이 움직여서"(아 5:4). 그리고 그분의 영으로 당신을 사로잡기 위해 당신 마음속으로 들어오신다. 그러기에 항상 자신의 감각을 훈련하고, 선과 악을 분별하며, 그리스도께서 말씀하시는 방식, 성령의 역사, 그리고 그것이 가져다주는 효과들을 끊임없이 관찰하면서 판단력과 경험을 쌓아가는 사람은 확실히 주님이 말씀하시는 때를 온전히 잘 분별할 수 있게 된다.

둘째, 또한 주님은 자신의 말씀이 시기적으로 당신 영혼에게 유익이 된다고 판단될 때 말씀하신다. 주님은 말씀을 통해 당신이 겸손해질 수 있고 정결해지며 순종과 함께 자신을 비울 수 있다고 여겨질 때, 그때를 놓치지 않고 말씀하신다. 이 문제들을 더는 자세히 논하지는 않겠다. 그것은 이 책의 주요 목적이 아니다. 하지만 이상에서 언급한 사항들을 숙지하지 않는다면 죄가 기회를 타서 당신 마음을 강퍅하게 만들 것이다.

John Owen
Mortifications of Sin

[Chapter 9]

죄를 죽이기 위해 적극적으로 행동하라

· · · · ·

믿음을 통해 그리스도 안에서 죄를 죽이라
그리스도 안에서 믿음을 갖고 행하라
죄를 죽이기 위해서 성령의 도움을 구하라

* * * * *

우리에게 있는 대제사장은 우리의 연약함을 동정하지 못하실 이가 아니요 모든 일에 우리와 똑같이 시험을 받으신 이로되 죄는 없으시니라. 그러므로 우리가 긍휼하심을 받고 때를 따라 돕는 은혜를 얻기 위하여 은혜의 보좌 앞에 담대히 나아갈 것이니라. 히브리서 4:15-16.

지금까지 앞에서 논의한 것들은 결론적으로 죄를 죽이기 위해서 우리가 적극적으로 해야 할 일이 무엇인지를 설명하기 위한 준비 작업이었다. 다시 말해 핵심으로 들어가기 전 적당한 마음의 준비 상태가 무엇인지를 논의했던 것이다. 사실 이와 같은 논의가 없다면 이 책의 결론으로 제시하려는 것을 당신은 실천할 수도 없다. 그러면 죄를 죽이기 위해서 우리가 적극적으로 해야 할 일이 무엇인지 살펴보자.

믿음을 통해 그리스도 안에서
죄를 죽여라

주님의 보혈은 죄로 병든 영혼들을 위한 그분의 주권적인 위대한 치료제이다. 그분의 피 안에서 당신이 산다면 당신은 죽지만 결국에는 승리자가 될 것이다. 확실히 당신은 하나님의 선한 섭리를 통해 당신의 정욕이 발밑에서 죽어가는 모습을 목도하게 될 것이다. 하지만 여기서 당신은 다음과 같은 의문을 가질 수도 있다. 그리스도를 통해 죄를 죽이는 일에서 믿음이 힘을 발휘하기 위해서는 구체적으로 우리가 어떤 행동과 방법을 취해야 하는가? 실로 그 행동과 방법에는 여러 가지가 있다.

믿음의 눈으로 그리스도께서 이루신 일들을 기억하라.

믿음 안에서 당신 영혼은 예수 그리스도께서 이루어 놓으신 일들을 항상 생각해야 한다. 그 목적은 당신을 얽어매는 정욕을 믿음을 통해 죽이는 데 있다. 스스로 죄를 극복할 수 없고 죄와 싸우는 일에도 완전히 기진맥진한 상태에 있다 할지라도 예수 그리스도를 의지하고 충분히 위안을 얻을 수 있다는 사실을 잊지 말라. "내게 능력 주시는 자 안에서 내가 모든 것을 할 수 있느니라"(빌 4:13).

탕자가 거의 쓰러질 상황에서 그를 버티게 했던 힘은 아버지 집에는 먹을 것이 충분히 있다는 사실이었다. 그래서 비록 집과 멀리 떨어져 있었지만 그 사실로 인해 그는 힘을 얻을 수 있었다. 비록 극도의 고통과 고난 속에 있을지라도 그리스도 안에서 당신을 위해 예비된 풍부한 은혜, 힘의 보고, 도움 등을 바라보라. 그리고 그것들을 마음속에 항상 간직하라. "우리가 다 그의 충만한 데서 받으니 은혜 위에 은혜라"(요 1:16). "아버지께서는 모든 충만으로 예수 안에 거하게 하시고"(골 1:19). "너는 알지 못하였느냐. 듣지 못하였느냐. 영원하신 하나님 여호와 땅끝까지 창조하신 이는 피곤하지 않으시며 곤비하지 않으시며 명철이 한이 없으시며 피곤한 자에게는 능력을 주시며 무능한 자에게는 힘을 더하시나니 소년이라도 피곤하며 곤비하며 장정이라도 넘어지며 쓰러지되 오직 여호와를 앙망하는 자는 새 힘을 얻으리니 독수리가 날개치며 올라감 같을 것이요 달음박질하여도 곤비하지 아니하겠고 걸어가도 피곤하지 아니하리로다"(사 40:28-31).

주님이 승리하셔서 이스라엘로 회개하게 하시는 임금과 구주가 되셨음을 생각하라(행 5:31). 회개하게 한다는 것은 죄를 죽이게 한다는 의미이다. 죄의 죽임이 없는 회개란 있을 수 없다. 그리스도 안에 거할 때 우리는 그분으로부터 정결하게 되는 은혜를 받을 수 있다(요 15:3). 그리스도께서 공급해주시는 풍성한 은혜 위에서 믿음의 삶을 사는 것은 우리가 그리스도 안에 거하는 확실한 방법이다. 우리가 접붙임을 통해 주님께 거하는 방법은 오직 믿음을 통해서다. "그러면 네 말이 가지들이 꺾인 것은 나로 접붙임을 받게 하려 함이라 하리니. 옳도다. 그들은 믿지 아니하므로 꺾이고 너는 믿으므로 섰느니라. 높은 마음을 품지 말고 도리어 두려워하라"(롬 11:19-20).

그러므로 영혼을 믿음으로 단련시키기 위해 당신은 다음과 같이 고백해야 한다. "나는 연약하고 가련하며 물과 같이 흔들거리는 피조물이다. 나는 결코 뛰어난 존재가 아니며 나의 부패함은 너무나 커서 영혼을 거의 파멸시킬 정도이지만 나는 그것에 대해 어찌하지 못한다. 나의 영혼은 불에 탄 땅이 되어 용의 거처로 변해 있다. 그동안 나는 수많은 약속을 깼다. 그래서 나의 많은 맹세는 무용지물이 되었다. 나는 스스로 승리했다고 여기고 구원도 받았다고 확신했다. 하지만 나는 속았다. 이제 분명하게 볼 수 있는 것은 탁월한 외부의 도움이 없다면 결국 나는 실패한 자가 되어 나의 죄로 인해 하나님을 완전히 포기하게 될 것이라는 사실이다."

그렇지만 이런 고백에도 불구하고 우리가 처진 손과 연약한 무릎으로 낙담할 필요는 없다. 주님이신 그리스도를 바라보라. 그분의 가슴에는 모든 은혜가 풍부하게 있으며 그분의 손에는 모든 힘이 쥐어져 있다. "예수께서 나아와 말씀하여 이르시되 하늘과 땅의 모든 권세를 내게 주셨으니"(마 28:18). 그분에게는 자신의 적들을 모두 죽일 수 있는 능력이 있다. 그리고 그분 안에는 나를 위로하고 도와주기 위해 예비된 은혜들이 충분히 있다. 그분은 힘없이 죽어가는 영혼들을 잡아 승리자 이상으로 만들어주신다(롬 8:38).

그분은 내 영혼의 메마른 토양을 저수지로 만들고, 나의 목마르고 빈약한 마음을 샘물로 만들어주신다. 확실히 그분은 가증스러운 정욕과 불같은 유혹으로 가득 찬 나의 마음을 그분 자신을 위한 정원으로 만드신다. "뜨거운 사막이 변하여 못이 될 것이며 메마른 땅이 변하여 원천이 될 것이며 승냥이의 눕던 곳에 풀과 갈대와 부들이

날 것이며"(사 35:7).

하나님은 육체의 가시를 가진 바울을 위로해주시기 위해 다음과 같은 말씀을 주셨다. "내 은혜가 네게 족하도다"(고후 12:9). 바울이 하나님의 은혜로 즉시 자신의 고통에서 해방된 것은 아니었지만 하나님의 족한 은혜를 통해 그의 영혼은 힘을 얻을 수 있었다. 따라서 우리는 예수 그리스도 안에 있는 은혜의 풍성함과 그분의 공급하심을 믿음의 눈으로 바라볼 줄 알아야 한다. 또한 주님이 어떻게 우리에게 힘과 구원을 베푸시는지 믿음을 통해 항상 묵상해야 한다.

비록 여전히 우리가 대적자에게서 완전한 승리를 거두지 못했지만 이 싸움이 끝날 때까지 우리는 그리스도를 통해서 싸울 수 있는 힘을 계속 공급받을 수 있다. 그러므로 우리에게는 절대 낙심이 있을 수 없다. 만약 당신이 불신앙으로 주저앉고 주님에게서 떠나서 거짓된 치료책을 구한다면 당신은 결국 도움을 받지 못할 것이다. 주님의 은혜의 효과는 오직 믿음의 훈련을 통해서만 맛볼 수 있기 때문이다.

믿음을 통해 그리스도에게서 오는 도움의 은혜를 기대하라.
그리스도에게서 오는 도움의 은혜는 마치 하박국 선지자가 보았던 묵시와 같은 것이다. "이 묵시는 정한 때가 있나니 그 종말이 속히 이르겠고 결코 거짓되지 아니하리라. 비록 더딜지라도 기다리라. 지체되지 않고 반드시 응하리라"(합 2:3). 고통과 당혹감 속에 있는 당신에게 하나님의 은혜가 약간 더디 오는 것처럼 보일 수 있다. 하지만 그것은 분명히 예수님이 정하신 가장 좋은 때에 온다.

그러므로 마음의 문을 열고 예수 그리스도에게서 오는 위로를 기대한다면, 다시 말해 당신의 눈이 마치 "상전의 손을 바라보는 종들의 눈 같이"(시 123:2) 주님께 무엇을 받고자 하는 태도로 그분을 바라본다면 당신은 분명 만족함을 얻게 될 것이다. 확실히 주님은 당신을 구원해주실 것이고, 당신의 더러운 정욕을 죽여주실 것이며, 그 결과 당신은 평화를 누리게 될 것이다. 그러므로 오직 주님의 도움만을 바라보라. 그리고 그분의 손을 통해 그것이 언제, 어떻게 올 것인지 기대하라. "너희가 굳게 믿지 아니하면 너희는 굳게 서지 못하리라"(사 7:9).

여기서 당신은 이런 질문을 할지도 모르겠다. 내가 속지 않기 위해서는 어떤 토대 위에서 그런 기대를 가져야 하는가? 그것은 당신이 믿음을 통해 주님으로부터 위로와 구원을 받아야 할 때 예수 그리스도는 당신이 그런 기대를 가질 수 있도록 수많은 은혜로 당신을 북돋아주신다는 것이다. 앞에서 부분적으로 그런 기대의 필요성을 이야기했지만, 확실히 이 기대는 믿음의 역사이며 오직 성도만이 누릴 수 있는 은혜이다. 예수 그리스도는 죄에서 마음을 깨끗하게 해야 함을 역설하실 때 "나를 떠나서는 너희가 아무것도 할 수 없음이라"(요 15:5)고 말씀하셨다. 죄를 죽이기 위해서는 먼저 은혜를 공급받아야 한다. 우리 스스로 죄를 죽일 수는 없다. "모든 충만으로 예수 안에 거하게"(골 1:19) 하는 것이 아버지의 뜻이다. "우리가 다 그의 충만한 데서 받으니 은혜 위에 은혜러라"(요 1:16).

새사람의 속성은 머리되신 그리스도로부터 새생명과 힘을 받는다. 그렇지 않으면 그것은 부패하기 마련이다. 우리의 속사람이 "모든 능력으로 능하게"(골 1:11) 되는 것은 믿음으로 말미암아 그리스도께서 우리 안에 거하시기 때문이다. "그의 영광의 풍성함을 따라 그의 성령으로 말미암아 너희 속사람을 능력으로 강건하게 하시오며 믿음으로 말미암아 그리스도께서 너희 마음에 계시게 하시옵고 너희가 사랑 가운데서 뿌리가 박히고 터가 굳어져서"(엡 3:16-17). 그렇지만 앞에서 말한 것처럼 이 일은 성령 없이는 이루어질 수 없다. 그렇다면 성령은 어디에서 오시는가? 우리는 성령을 받기 위해 누구를 바라보아야 하는가? 누가 우리에게 성령을 약속하고 그것을 담보해주었는가? 해답은 이것이다. 성령을 받기 위한 모든 기대는 오직 그리스도를 통해서만 가능하다는 것이다.

그러므로 우리는 그분으로부터 오는 도움 외에는 어떤 도움도 받을 수 없다는 사실을 마음에 새겨야 한다. 그리스도로부터 오는 도움에 대한 기대 없이 이루어지는 모든 노력과 싸움은 목적을 달성하지 못하고, 결국 우리에게 아무런 유익도 주지 못한다. 그런 노력이 주님이 도움을 주기 위해 직접 지정한 방법이 아니라면 그것은 헛수고로 끝나게 될 것이다.

그러면 이 기대를 갖기 위해 구체적으로 우리는 무엇을 해야 하는지를 살펴보자.

첫째, 하나님의 오른편에 계신 대제사장이신 그리스도의 자비하심, 부드러움, 그리고 인자하심을 생각하라. 확실히 그분은 곤궁에 빠진 당신을 불쌍히 여기신다. 주님은 "어머니가 자식을 위로함같이 내가 너희를 위로할 것인즉"(사 66:13)이라고 말씀하셨다. 그분은 젖먹이를 둔 어미의 심정을 갖고 계신다.

"그러므로 그가 범사에 형제들과 같이 되심이 마땅하도다. 이는 하나님의 일에 자비하고 신실한 대제사장이 되어 백성의 죄를 속량하려 하심이라. 그가 시험을 받아 고난을 당하셨은즉 시험받는 자들을 능히 도우실 수 있느니라"(히 2:17-18). 이 말씀에서 히브리서 기자는 그리스도께서 고난을 통해 우리를 위한 어떤 능력을 갖게 되었다고 지적한다. 간단히 말해 그리스도께서 "시험을 받아 고난을 당하셨은즉 시험받는 자들을 능히 도우실 수"(히 2:18) 있는 힘을 갖게 되었다는 말씀이다.

그리스도의 고난과 시련이 그분의 능력을 더 크게 하였는가? 그것은 아니다. 주님의 능력 그 자체에는 변함이 없다. 단지 여기서 언급하는 핵심은 주님의 능력이 우리를 위해서 기꺼이 도와주시려는 성향을 갖게 되었다는 뜻이다. 즉 시험과 고난을 당하셨을 때 모든 간계를 물리치신 주님이 그런 시험을 받는 불쌍한 영혼들을 도와주실 수 있게 되었다는 의미이다. '능히 도우신다'(영어 성경은 '도와줄 수 있다'라고 되어 있음 - 역주)라는 말은 이미 일어난 상태를 가리키는 말이다. 실제로 동일한 시험을 받으신 주님은 지금 우리를 돕기 위해 역사하고 계신다.

그래서 히브리서 4장 15~16절은 다음과 같이 말씀한다. "우리에게 있는 대제사장은 우리 연약함을 동정하지 못하실 이가 아니요 모든 일에 우리와 똑같이 시험을 받으신 이로되 죄는 없으시니라. 그러므로 우리가 긍휼하심을 받고 때를 따라 돕는 은혜를 얻기 위하여 은혜의 보좌 앞에 담대히 나아갈 것이니라." 16절 권면의 말씀은 우리가 그리스도로부터 오는 도움을 기대해야 한다는 것을 가리킨다. 사도 바울은 그 도움을 "때를 따라 돕는 은혜"라고 불렀다. 도움이 때를 따라 온다면 우리는 현재 상태에서도 도움받을 수 있다. 실로 때를 따라 돕는 은혜를 나는 진실로 갈망한다. 그런 도움을 받지 못한다면 영원히 길을 잃고 죽은 존재로 남게 될 것이다. 사도 바울은 그리스도로부터 오는 도움과 은혜를 기대하라고 말한다. 그 근거는 무엇인가? 한마디로 그리스도께서 그것을 베푸시기 때문이다. 16절에 "얻기 위하여"라고 번역한 말은 "우리가 그 은혜를 받을 수 있기 위하여"라는 의미이다.

은혜는 때를 따라 우리에게 온다. 대제사장의 자비하심에 근거해서 믿음을 갖고 예수 그리스도로부터 오는 도움을 기대하기 위해 우리 영혼을 굳건히 한다면, 우리의 정욕과 죄는 더 쉽게 파괴되고 지금까지 사람들이 스스로 해왔던 가장 엄격한 고행보다 더 빠르게 우리는 효과적으로 죄를 죽일 수 있게 된다. 다시 부언한다면, 믿음으로 예수 그리스도로부터 오는 구원과 도움을 기대하는 사람들은 절대 죄의 정욕과 타락으로 멸망하지 않는다.

"오호라. 너희 모든 목마른 자들아 물로 나아오라. 돈 없는 자도 오라. 너희는 와서 사 먹되 돈 없이 값 없이 와서 포도주와 젖을 사라. 너희가 어찌하여 양식이 아닌 것을 위하여 은을 달아 주며 배부르게 하지 못할 것을 위하여 수고하느냐. 내게 듣고 들을지어다. 그리하면 너희가 좋은 것을 먹을 것이며 너희 자신들이 기름진 것으로 즐거움을 얻으리라. 너희는 귀를 기울이고 내게로 나아와 들으라. 그리하면 너희의 영혼이 살리라. 내가 너희를 위하여 영원한 언약을 맺으리니 곧 다윗에게 허락한 확실한 은혜이니라"(사 55:1-3). "내가 너를 권하노니 내게서 불로 연단한 금을 사서 부요하게 하고 흰 옷을 사서 입어 벌거벗은 수치를 보이지 않게 하고 안약을 사서 눈에 발라 보게 하라"(계 3:18).

둘째, 당신을 세워주시고 당신에게 도움의 보증이 되시겠다는 주님의 신실하신 약속을 생각하라. 도움을 주시겠다고 약속하신 주님은 확실히 자신의 말을 넘치도록 이행하신다. 성경은 우리와 맺은 하나님의 언약은 하늘, 태양, 달, 그리고 별들의 규정과 같이 확고부동하다고 말씀한다. 그러므로 다윗은 깨어 새벽을 기다리는 사람처럼 하나님으로부터 오는 도움을 위해 깨어 기다렸다고 말한다.

실로 새벽은 정한 때에 확실히 온다. 당신을 위해 그리스도로부터 오는 도움도 그처럼 확실하다. 메마른 대지에 내리는 이슬과 비처럼 그분의 도움의 은혜는 때가 되면 자연스럽게 임한다. 주님의 약속은 신실하다. 그리고 이런 목적으로 주님은 셀 수 없이 많은 약속을 우리에게 주셨다. 예수 그리스도로부터 도움을 기대할 때 우리는 다음과 같은 두 가지 혜택을 누릴 수 있다.

먼저, 그런 기대를 가진 사람에게 주님은 온전하고 신속한 도움을 베풀어주신다. 이것은 어떤 사람이 당신에게 도와줄 수 있는 능력이 있음을 알고 도움을 청할 때 당신 마음이 그를 도와주려는 열망으로 가득 차게 되는 이치와 같다고 할 수 있다. 주님이신 예수 그리스도는 그분의 인자하심과 돌보심, 그리고 약속을 통해 우리로 하여금 그분께 도움을 기대하려는 마음을 갖게 하신다. 그리고 그런 우리 마음에 따라 주님은 우리를 도와주시기 위해 간섭하신다.

시편 기자는 이 사실을 이렇게 말한다. "주님, 당신을 의지하는 자를 결코 잊지 마십시오." 하나님께 마음을 두고 하나님을 의지하는 사람의 경우 하나님이 반드시 그의 마음을 만족하게 해주신다. 주님은 결코 동이 난 물처럼 우리를 실망하게 하지 않으신다. 주님은 "너희가 나를 혼돈 중에서 찾으라고 이르지 아니하였노라"(사 45:19)고 말씀하신다. 우리 공급의 토대가 되기 위해 선택된 그리스도는 절대 우리를 실망시키는 법이 없으시다.

두 번째 혜택으로 주님으로부터 도움을 기대하는 사람은 그 마음이 그리스도의 뜻을 알기 위한 방법에 부지런히 귀 기울이기 때문에 결국 주님으로부터 모든 은혜의 도움을 취하게 된다. 믿지 않는 사람들도 도움을 얻기 위한 수단과 방법에 관심을 갖고 모든 심혈을 기울인다. 타인으로부터 적선을 구하는 거지도 도움을 줄 수 있는 사람의 집을 방문하거나 길에서 도와줄 수 있는 사람을 만나기 위해 애쓴다.

일반적으로 그리스도께서 자신의 뜻을 전달하는 방법은 말씀을 통해서다. 그러므로 그분에게서 어떤 것을 기대하는 사람은 말씀 안에서 그분의 뜻을 찾으려고 노력해야 한다. 이것이 바로 믿음으로 기대하는 자세이다. 이것은 쓸데없는 바람이 아니다. 기도와 성례 의식이 죄를 죽이는 일에 효과를 발휘하기 위해서는 그리스도로부터 오는 도움을 함께 기대해야 한다. 우리의 모든 행동은 주님으로부터 도움을 기대하는 마음에 그 바탕과 뿌리를 둘 때만 유용한 도구가 될 수 있다.

  죄를 죽이기 위한 앞의 방법에 대해 당신도 경험 상 많은 증거를 가졌을 것이다. 시험받을 때 하나님과 동행하는 사람은 그런 기대를 통해 확실히 큰 도움을 받을 수 있다. 그러므로 더는 이 사실에 대해 왈가왈부할 마음은 없다. 하지만 이와 관련해서 우리가 구체적으로 해야 할 사항을 다음에서 좀 더 살펴보기로 하자.

그리스도 안에서 믿음을 갖고 행하라

그리스도의 죽음, 십자가, 그리고 보혈의 토대 위에서 믿음을 갖고 행동하라는 의미다. 다시 말해 십자가에 못 박혀 돌아가신 주님을 의지하라는 뜻이다. 특별히 그리스도의 죽음은 우리 죄를 멸할 수 있는 토대이다. 실로 그리스도의 죽음의 목적은 죄를 죽이기 위함이다. 주님은 사탄의 일을 멸하기 위해 십자가에 죽으셨다. 즉 자신이 첫 시험을 당할 때 경험했던 우리의 죄성과 현재 계속되는 죄의 힘을 멸하기 위해 돌아가셨던 것이다. "그가 우리를 대신하여 자신을 주심은 모든 불법에서 우리를 속량하시고 우리를 깨끗하게 하사 선한 일을 열심히 하는 자기 백성이 되게 하려 하심이라"(딛 2:14).

그리스도는 바로 이런 목적을 성취하기 위해 우리를 위해 자신을 내어주셨다. 다시 말해 우리로 죄의 권세에서 해방되어 모든 더러운 정욕에서 정결하게 하는 계획을 성취하기 위해 십자가에서 죽으셨던 것이다. "그리스도께서 교회를 사랑하시고 그 교회를 위하여 자신을 주심 같이 하라. 이는 곧 물로 씻어 말씀으로 깨끗하게 하사 거룩하게 하시고 자기 앞에 영광스러운 교회로 세우사 티나 주름 잡힌 것이나 이런 것들이 없이 거룩하고 흠이 없게 하려 하심이니라"(엡 5:25-27).

사람의 정결함은 그리스도의 죽음을 통해 다양한 정도로 이루어진다. 우리의 깨끗함과 정결함은 오직 그분의 보혈에 기인한 것이다(요일 1:7, 히 1:3, 계 1:5). 그리스도의 피가 우리에게 뿌려질 때 그것은 우리의 "양심을 죽은 행실에서 깨끗하게 하고 살아 계신 하나님을 섬기게"(히 9:14) 한다. 양심이 죽은 행실에서 깨끗하게 되는 일은 우리 모두에게 요구되는 일이자 목표이다. 그래서 죽은 행실을 근절시키고 파괴시켜 더는 우리 안에 자리 잡지 못하도록 해야 한다. 그런데 이 목표는 오직 그리스도의 죽음을 통해서만 달성될 수 있다. 거기에서 나오는 효능만이 그 목표를 성취할 수 있다. 그리고 이 성령의 공급하심과 은혜와 능력은 그리스도의 죽음을 통해서만 나온다.

그래서 사도 바울은 로마서 6장에서 이 점을 강조했다. 그는 이런 맥락에서 2절에 다음과 같이 말한다. "죄에 대하여 죽은 우리가 어찌 그 가운데 더 살리요." 죄에 죽었다고 공언하고, 그것을 위해 노력하며, 죄를 죽일 수 있는 능력에 참여하여 죄에 대해 죽었고, 더군다나 죄를 죽인 그리스도와 연합하게 된 우리가 어떻게 다시 죄 안에서 살 수 있단 말인가! 그래서 바울은 같은 장에서 이 점을 그리스도의 죽음이라는 관점으로 여러 가지 측면에서 고찰했다. "무릇 그리스도 예수와 합하여 세례를 받은 우리는 그의 죽으심과 합하여 세례를 받은 줄을 알지 못하느냐"(롬 6:3). 우리의 세례는 그리스도와 연합되었다는 표시이다. 세례는 그분 안으로 우리가 들어간다는 의미를 갖는다.

그러면 구체적으로 그분의 어디로 들어가는 것인가? 이에 대해 바울은 그의 죽으심 안으로 들어간다고 말한다. 그분 안으로 들어가는 연합의 세례는 그분의 죽으심 안으로 들어간다는 뜻을 내포하고 있다. 그리스도의 죽으심으로 세례를 받는다는 의미를 바울은 다음과 같이 설명한다. "그러므로 우리가 그의 죽으심과 합하여 세례를 받음으로 그와 함께 장사되었나니 이는 아버지의 영광으로 말미암아 그리스도를 죽은 자 가운데서 살리심과 같이 우리로 또한 새 생명 가운데서 행하게 하려 함이라. 만일 우리가 그의 죽으심과 같은 모양으로 연합한 자가 되었으면 또한 그의 부활과 같은 모양으로 연합한 자도 되리라"(롬 6:4-5).

한마디로 "그의 죽으심과 같은 모양으로 세례를 받는 것"은 그리스도의 죽으심과 우리 자신을 일치시키는 행위로써 주님이 죄에 대해 죽으신 것처럼 우리도 죄에 대해 죽어 우리의 타락한 성품을 이긴다는 뜻이다. 그래서 그리스도께서 영광으로 부활하셨던 것처럼 우리도 은혜와 새로운 삶으로 다시 부활하게 됨을 가리킨다.

사도 바울은 그리스도의 죽으심과 연합하는 세례는 그 원천이 그분의 죽으심에 있다고 말한다. "우리의 옛 사람이 예수와 함께 십자가에 못 박힌 것은 죄의 몸이 죽어 다시는 우리가 죄에게 종노릇 하지 아니하려 함이니"(롬 6:6). 여기서 "예수와 함께 십자가에 못 박힌 것"이라는 말의 본뜻은 시간적인 차원의 어느 시점을 가리키기 위함이 아니라 인과율의 차원에서 공로와 효능을 지칭하기 위한 것이다. 우리가 주님과 함께 십자가에 못 박힐 수 있는 것은 우리에게 죄를 죽일 수 있도록 성령을 주신 주님의 공로 때문이다.

십자가에서 주님과 못 박힘으로써 일어나는 효능은 주님의 죽으심으로 인해 우리 자신도 십자가에 죽일 수 있는 힘을 얻는다는 데 있다. 그래서 주님이 우리 죄를 위해서 죽으신 것처럼 우리도 십자가를 통해 죄에 대해서 죽을 수 있게 되는 것이다. 이것이 바로 바울의 말이 의미하는 핵심이다. 그리스도는 자신의 죽음을 통해 사탄의 일을 멸하고 성령을 보내주셔서 성도들 안에서 죄가 더는 왕 노릇하지 못하도록 죄를 죽이셨던 것이다.

죄를 죽이기 위해서
성령의 도움을 구하라

마지막으로 죄를 죽이는 성령의 사역에 관해 몇 마디 덧붙이고자 한다. 지금까지 우리의 의무로 내가 강조해왔던 죄 죽이는 일은 전적으로 성령의 능력을 통해 영향을 받고 수행되며 완성되는 것이다. 이 점을 좀 더 설명하자면 다음과 같다.

첫째, 성령만이 죄를 깨닫게 해주신다.

성령만이 분명하게 우리 마음속에 죽어야 할 악과 죄, 타락, 정욕이 무엇인지를 온전히 깨닫게 해주신다. 만약 이런 죄의 깨달음이 없다면, 그리고 비록 있다고 하더라도 너무 미약해 우리 마음이 그것을 인정하지 않고 무시한다면 우리는 죄를 철저히 죽일 수 없다. 일반적으로 신앙 없는 마음은 죄에 대한 분명한 자각을 갖기까지 여러 가지 핑계를 대고 상황을 회피한다. 따라서 성령의 일차적인 사역은 먼저 우리에게 죄를 깨닫게 하는 데 있다. "그가 와서 죄에 대하여 의에 대하여 심판에 대하여 세상을 책망하시리라"(요 16:8). 실제로 이 일은 오직 성령만이 하실 수 있다. 우리 스스로 말씀을 듣고 이성적인 판단으로 자신의 죄를 깨달을 수 있다면 우리는 지금보다 훨씬 많은 죄를 자각하고 있었을 것이다.

물론 설교를 통해 사람들은 자신이 죄인인 사실과 죄가 무엇인지를 알 수 있다. 하지만 그런 깨달음의 빛은 강력하지 못해 삶의 실제적인 원리에 아무런 영향을 끼치지 못한다. 그런 깨달음이 있다 할지라도 사람은 거기에 자기 생각과 뜻을 맞출 수 없기 때문에 합당한 결과를 도출해내지 못한다. 지혜와 학식은 있지만 성령이 없는 사람은 자기 정욕의 활동을 죄로 깨닫지 못한다. 이러한 깨달음은 오직 성령만이 주실 수 있다. 실로 성령은 모든 정욕을 죽이기 위해 먼저 죄를 깨닫게 하신다. 그리고 죄에 대해 변명하지 못하도록 죄의 속임수가 무엇인지를 보여주시고 죄에 빠져들지 못하도록 모든 통로를 차단하신다. 그리하여 영혼들로 하여금 죄를 혐오하게 하고 죄를 느낄 수 있도록 도와주신다. 성령을 통해 우리가 죄를 깨닫지 못한다면 우리 노력은 결국 헛수고로 돌아갈 것이다.

둘째, 성령만이 풍성한 은혜를 보여주신다.

성령만이 우리를 돕기 위해 예비된 그리스도의 풍성한 은혜들을 보여주신다. 그래서 우리로 하여금 거짓된 길과 낙담에서 벗어나게 해주신다. "이것이 내게서 떠나가게 하기 위하여 내가 세 번 주께 간구하였더니 나에게 이르시기를 내 은혜가 네게 족하도다. 이는 내 능력이 약한 데서 온전하여짐이라 하신지라. 그러므로 도리어 크게 기뻐함으로 나의 여러 약한 것들에 대하여 자랑하리니 이는 그리스도의 능력이 내게 머물게 하려 함이라"(고후 12:8-9).

셋째, 성령만이 우리를 붙들어주신다.

성령만이 우리 마음을 그리스도로부터 오는 도움을 기대할 수 있도록 붙들어주신다. 실로 그리스도로부터 오는 도움은 이미 밝힌 바와 같이 죄를 죽이기 위한 주님의 주권적 수단이다. "우리를 너희와 함께 그리스도 안에서 굳건하게 하시고 우리에게 기름을 부으신 이는 하나님이시니 그가 또한 우리에게 인치시고 보증으로 우리 마음에 성령을 주셨느니라"(고후 1:21-22).

넷째, 성령만이 십자가의 능력을 갖게 해주신다.

성령만이 우리 마음속에 그리스도의 십자가를 가져다주시고 죄를 죽이는 십자가의 능력을 베풀어주신다. 또한 이 성령을 통해 우리는 그리스도의 죽으심과 연합하는 세례를 받게 된다.

다섯째, 성령은 성화의 저자이자 완성자이시다.

성령은 우리 성화의 저자이시자 완성자이시다. 다시 말해 성령은 거룩과 성화를 위해 우리에게 영향을 미치고 은혜를 공급해주신다. 이때 성화와 반대되는 다른 원리들은 힘을 잃고 수그러지게 된다. "그의 영광의 풍성함을 따라 그의 성령으로 말미암아 너희 속사람을 능력으로 강건하게 하시오며 믿음으로 말미암아 그리스도께서 너희 마음에 계시게 하시옵고 너희가 사랑 가운데서 뿌리가 박히고 터가 굳어져서 능히 모든 성도와 함께 지식에 넘치는 그리스도의 사랑을 알고"(엡 3:16-18).

여섯째, 성령만이 기도로 하나님께 나아갈 수 있도록 도와주신다.

우리 기도의 능력과 활기는 어디에서 오는가? 하나님을 움직이게 하는 기도의 효능의 근원은 무엇인가? 바로 성령이시다. 주님은 자신을 찌른 자들에게 '간구의 영'으로 성령이 임하게 될 것임을 약속하셨다. 그러므로 성령은 말할 수 없는 탄식으로 우리에게 간구할 수 있도록 도와주시는 영이다. "이와 같이 성령도 우리 연약함을 도우시나니 우리가 마땅히 기도할 바를 알지 못하나 오직 성령이 말할 수 없는 탄식으로 우리를 위하여 친히 간구하시느니라"(롬 8:26). 이러한 간구는 하나님과 함께 믿음으로 승리할 수 있는 위대한 방편이 된다. 그래서 바울도 자신의 육체의 가시에 대해 그것이 떠나가도록 성령을 의지하며 간구했던 것이다(고후 12:8).

| **역자 후기** |

  이 책은 17세기 청교도 신학자였던 존 오웬의 글이기에 번역하면서 여러 가지 애로사항이 있었다. 그중에 가장 큰 어려움은 라틴어식의 고어체 영어였다. 주요 단어의 의미도 현대 영어와 약간 달랐고, 무엇보다 문장 구조에 있어서 오늘날의 통사론으로는 설명하기 힘든 문법이 눈에 많이 띄었다. 그럼에도 그와 같은 어려움을 상쇄하면서 기쁨으로 번역할 수 있었던 것은 죄에 대한 저자의 예리한 통찰력과 물샐 틈 없는 그의 일관된 논리 때문이었다.

  특별히 하나님의 주권을 강조하는 개혁 신학은 칭의와 성화를 하나님의 예정의 관점에서 바라보기 때문에 실제 성도의 삶에서 죄를 죽이고 그것을 극복하는 구체적인 문제에 대해 다소 소원한 감이 있다. 과연 성도라면 죄를 지을 수 있는가? 여전히 성도가 죄를 짓는다는 의미는 무엇인가? 로마서 7장에서 바울이 말한 죄의 고백은 중생 이전의 삶인가? 아니면 중생 이후에도 여전히 죄의 영향력 아래 있는 바울의 자아상인가? 성도라고 하면서 죄를 짓는다면 그는 과연 영생을 얻을 수 있는가? 불신자의 죄와 성도의 죄의 차이는 무엇인가? 죄를 죽이는 데 있어서 성령의 역할과 인간의 역할은 무엇인가?

이상의 까다로운 질문에 대답하기 위해 저자는 먼저 죄의 정욕이 우리 안에 어떻게 작용하는지 탁월한 안목으로 설명한다. 또한 죄를 죽이는 노력에 있어서 인간적인 방법의 고행과 그리스도의 은혜를 강조한 자유방임적인 태도를 함께 경계한다. 확실히 이 책은 죄에 대한 저자의 고뇌가 깊이 배어 있는 흔적을 여러 곳에서 보여준다.

찬송가의 가사처럼 "육체의 정욕을 이길 힘은 보혈의 능력"이다. 하지만 구체적으로 죄를 이기기 위해서는 죄의 성격과 함께 성령과 그리스도의 십자가에 대한 철저한 이해가 있어야 한다. 이 책은 이러한 이해를 그 어느 책보다도 논리적으로 잘 설명하면서 독자들을 설득하고 있다. 이 책을 통해 독자들이 죄를 죽이는 삶에서 한층 더 성숙해지기를 소망한다.

옮긴이 김창대